Y. 1144. Réserve.
  A.

pYc 699

METAMORPHO-
SES OVIDII, ARGVMEN-
tis quidem soluta oratione, Enarrationibus
autem & Allegoriis Elegiaco versu
accuratißime expositæ, summaq;
diligentia ac studio
illustratæ, per

M. IOAN. SPRENGIVM AVGVSTAN.

Vnà cum artificiosis picturis, præcipuas historias
aptè repræsentantibus.

IN ME MORS,

PARISIIS,

Apud Hieronymum de Marnef, & Gulielmum Cauellat, sub Pelicano,
monte D. Hilarij.

1570.

AD ILLVSTRIS-
SIMOS AVSTRIAE AR-
chiduces, Rudolphum, & Ernestum,
Sereniss. Romanorum ac Bohe-
miæ Regis Maximiliani,
&c. filios.

Vanquam vniuersa Philosophia, quæ non solum laudataru̅ artium omniu̅ procreatrix, & naturæ rerumq́; occultarum indagatrix, verumetiam magistra virtutum & honestarum actionum, à doctissimis quibusque rectè nuncupatur, plurimum vtilitatis humano generi confert: nulla tamen pars fructuosior, & maioris emolumenti videtur esse, quàm ea ipsa, quæ de officiis & moribus hominu̅ disserit, vnde salutifera bene, constanter, honestéque viue̅di præcepta proficiscuntur. Cùm autem eiusmodi documenta, quæ virtutes & vitæ disciplinam in se co̅tine̅t, tam ex Poëtis, quà̅ Oratoribus, hauriri queat, vtrosque ab iis, qui ad aliquem eruditionis gradum contendunt, & actiones suas ad integritatis perfectǽq; mentis regulam conformare laborant, euoluendos, accuratéque intelligendos, esse censeo: Nam Poëtæ quoque suis figmentis non raro nos, abdita quadam ratione, ad iter virtutis ingrediendum, & viam perdi-

A ij

EPISTOLA

tionis deferendam, propositis mirabilium casuum exēplis inuitant, sicut & Ouidius in sua Metamorphosi (præter continuam, quam inde à mundi origine ad sua vsque tempora persequitur historiā, & occultam naturæ scientiam) singularem Dei in pios & moderatos fauorem ac beneuolentiam, horribilem contra in malitiosos, obstinatos & insolentes iram designat, & sub aspectum nostrum, viuis veluti picturis, subiicit, vt hac ratione nos ab omni turpitudine & iniquitate auocet, & ad vitam probè, felicitérque transigendam perducat.

Quemadmodum verò omnes ingenuos ac liberales animos tam salutaris & frugifera decet cognitio: ita imprimis maximus honor & ornamentum est, nobili, & generosa stirpe procreatos liberos, ac præsertim eos, qui longa & perpetua propemodum serie maiorum, & veluti cognatione quadam, ad imperij gubernacula nati esse videntur, hisce vtilißimis Philosophiæ præceptionibus, à teneris, vt aiunt, vnguiculis imbui atque informari, vtpote quæ ad fœlicē Rerumpublicarum administrationem plurimum ponderis & momenti afferre iudicantur.

Quocirca illustrißimi Heroes, cùm opusculū hoc, in quo vna veluti fasce omnes Ouidianæ μεταμορφώσεις, res humanas illustri quadam imagine depingentes, comprehenduntur, in lucem diutino multorum desiderio, tandem edatur, operæ precium me facturum, aut saltem industriæ, ac laboris mei fructus non omninò perditurum existimaui, si hasce meas, licet tenues

DEDICATORIA.

ac pueriles, lucubrationes, támque illustri loco natis Heroïbus indignas (vt à multis sine dubio censebitur) V. Celsitudinibus consecrarem.

Neque verò propter hanc causam illud facio, quòd vel eos, qui apud V. Celsitudines assiduè morãtur, officio suo negligentius fungi, vel vosmet ingenuè ac liberaliter educatos, salutaribus præceptis & monitionibus indigere suspicer: Haud enim me latet, Serenissimum Romanorum ac Boëmiæ Regem Maximilianum, parentem vestrum, omni genere doctrinæ, vt cæteras virtutes taceam, excultissimum, & literatorum hominum amantissimum, vestris Celsitudinibus præceptorem, D. Ioannē Tonnerum, I.V. Doctorem, sacræ Cæs. Maiestatis consiliarium, quem debito honoris & obseruantiæ causa nomino, talem ac tantum virum præfecisse, qui nullum studium, nullam industriam, nullum laborem, nullum denique certamē in vobis, ad optima philosophiæ præcepta, institutáque erudiendis prætermittit. Satis etiam mihi cōstat vos ea tum ingenij bonitate, tum excellentia naturæ esse præditos, vt vestra sponte ad rectum & laudabile sitis propensi, ab eo autem quod cũ honestate pugnat alienum prorsus geratis animum, atque in omnibus salutaria, fidelissimi vestri Præceptoris, & aliorum rectè consulentium monita, sequi maximopere cupiatis.

Proinde vobis opusculum hoc leuidense, non tã ob bene viuendi, quæ in eo continetur, rationem & disciplinam, quam studij mei erga Celsitudinem vestrã

EPISTOLA DEDICATORIA.

humiliter declarandi gratia, dono, dedico, nuncupo, vosq́; qui longè præstantiori munere digni estis, maiorem in modū summisséq; precor & obtestor, vt laborem hunc meum, tenuem & exiguum, hilari fronte suscipere, & potius animum voluntatémque donātis, quàm ipsum opusculum considerare dignemini. Quod si à vestra Celsitudine impetrauero, vósque hoc qualecunque sit, benigna mente, sicuti confido, amplexari animaduertero, ad alia fortasse maiora, studium fauor, & beneuolentia vestra me excitabunt. Nunc ego, Generosissimi Heroes, me vestra Celsitudini humiliter commendo, Deúmque ardenti animo precor, vt vos, cum vniuersa vestra illustrissima familia, diutissimè saluos & incolumes conseruet. Valete. Datæ Heidelbergæ vigesimo secundo Februarij, Anno, 1563.

V. C.

addictiss.

Iohanes Sprengius, Augustanus

IOANES SPRENGIVS
Augustanus, candido Lectori.

INTER cætera beneficia, cãdide Lector, quæ diuinitus humano generi, gratia & amore quodam singulari tributa sunt, historiarũ conseruationem, quibus rerum gestarum monumenta & exempla vetustatis ordine continétur, posteriore loco minimè habendam esse, omnium doctorũ sanáque mente præditorum hominum iudicio patet: Quàm preciosus enim thesaurus sit cognitio temporum, quæ principia & progressiones rerum, propagationem diuini cultus, originem superstitionum, admirandam Ecclesiæ gubernationem, seriem, & mutationem imperiorum, inuentionem disciplinarũ, naturæ prodigia, & alia scitu dignissima, ex tenebrosis quasi latebris, in apertam lucem profert, & ante oculos manifestè ponit, tam stupidum esse neminé existimo, quin idipsũ vel me tacente, multis rationibus intelligat. Proinde laudem mereri amplissimã non solũ videntur ij, qui in contexendis historijs aliquid operæ ac studij posuerunt, verumetiam hodierno die conatus illorum haud omninò despiciendos & improbandos arbitror, qui se metipsos in hoc pulcherrimo & vtilissimo exercitationis genere, vel propagandi, vel illustrandi eius causa, sedulos præstant, & ad id industriam suam, omnémque ingenij vim alacri animo conuertunt.

Sicut autem Historiographi tum Græci tum Latini, à quibus res gestæ, memoratu dignæ, cognitúque necessariæ, soluta oratione, recto, concinno, & distincto ordine posteris sunt proditæ, & ab obliuione vindicatæ, meritis encomijs celebrantur: ita Poëtis etiam, qui in suo genere idipsum præstiterunt, debita laus nequaquam præripienda est. Cùm igitur & Ouidius generalem totius mundi historiam in opere suo, περὶ τῶν μεταμορφώσεων ad Cæsaris Augusti tempora vsque, miro quodam & singulari artificio, ingeniíque solertia conscripserit, non inanem hactenus nauasse operam eos credendum est, qui vel ad cognoscendum vel ad explicandum, tã præclarum autorem, diligentiam & laborem suũ contulerunt. Nam insigniores & selectiores veterum Poëtarum omnium fabulæ (quarum ex ipsa rei veritate origo dependet) in hoc poëmate, tanquam vno quodam fasciculo cõtinentur: adeò, vt totius vitæ humanæ illustre quasi speculum videatur, è quo memorabilia, cùm beneuolentiæ, tum iræ diuinæ exempla, & insuper etiam gubernationis Dei mutationis rerum humanarum, leuitatis fortunæ, & totius mortalium conditionis, perspicuæ quædam imagines elucent. Neque vt multi opinantur, opus hoc pro nihilo, aut inani figmento putandum est, quod præter historiarum exempla, quæ ad virtutis decus exprimendum nobis sunt proposita, plenā vniuersæ Philosophiæ cognitionem ex ipsis quasi tenebris eruit atque patefacit. Nam & Physicis & Mathematicis, & regionum, locorum, vrbium, montium, fluminum descriptionibus adeò est refertum, vt si quis fidelem habeat interpretem, vel ipse omnia diligentius indagare conetur, tam in Geographiæ quàm Astronomiæ scientia, rebúsque naturæ occultis, exinde plurimum proficere queat.

Idcircò, cùm quidam boni & honesti viri à me vehementer aliquoties contenderint, ut ad collustrandum Poëma hoc, meam quoque operam & laborem impenderem, & singulas Metamorphoseon fabulas primùm solutā oratione, deinde versibus, vnā cum Allegorijs seu doctrinis moralibus, summatim cō-plecterer, huic honestæ petitioni, quamuis impar in ceruices meas onus impositū, méque rei tam arduæ vix sufficere sentirem, temerè refragari non potui, sed hoc quicquid est, aggresus, tantum in eo laboraui, quantū & ingenij mei tenuitas, & temporis angustia & ipsius materiæ, rerúmque aliarũ occasio tulit: Quo autem pacto & ordine omnia à me sint confecta (vt eò melius se Lector ex toto libello expedire queat) paucis declarabo.

Primùm, ordo ac distributio fabularum, secundum libelli cuiusdam Belgica lingua editi, picturas & imagines est constituta: Etsi autem ratio collocandi cõmodior iniri à nobis forsan potuisset (plurimæ enim μεταμoρφώσεις aptisimè cohærentes, à se diuulsæ, & in duas, tres, seu plures fabulas distinctæ, paucæ etiam, quæ meritò debebant inseri, prorsus omissæ sunt) tamen propter eos, qui hoc munus principio mihi delegarũt, & imagines omnes non exiguis sumptibus prius exsculpi curauerunt, memorati libelli ordinem potius sequi, quàm nouam fignrarum dispositionem instituere uisum est.

Deinde cuilibet fabulæ seu μεταμoρφώσει Argumentum, data opera, tenui ac simplici orationis filo (vt à quouis puero mediocriter in literis progresso intelligi possit) contextum præfigitur, cui breuis enarratio versibus Elegiacis, ad Ouidianum, quoad eius fieri potuit exemplar, efficta, subiungitur: nam ijsdem & verbis & phrasibus plerunque vti, quam compositionem nouam, & ab Ouidiani carminis facilitate alienam comminisci, tu-

PRAEFATIO.

tius atque consultius existimaui. Ad extremum narrationem Allegoria, seu doctrina, quæ vel ad formandos mores, & vitam bene felicitérque agendam conducit, vel humanæ conditionis miseriam, & rerum mortalium breuitatem ante oculos proponit, subsequitur.

Non equidem me præterit, multa Physica, multa Astronomica, & alia secretiora, sub inuolucris harum fabularum esse absconditа: verùm de industria omnium ferè μεταμορφώσεων interpretationem, ad doctrinam de vita & moribus humanis, quæ virtutum ac vitiorum exemplis abundant, retuli: nonnullas tamen fabulas, quæ vel ad sacrarum literarum historias aliquo modo propius accedere, & propemodum alludere, vel ex professo ijs repugnare, ac superstitiones Ethnicas stabilire, falsisque Deorum cultibus patrocinari, videntur, à vanis gentilium figmentis & mendacijs ad Christianam veritatem, quæ ex Apostolicis & Propheticis hauritur testimonijs, reuocaui: & per Analogiam ac similitudinem quod homo pius ex Ethnicorum actionibus, documentum capere, quatenus illorū ritus imitari, quid denique omninò sequi, quid fugere ipsum deceat, ostendi.

Sunt autem in primis obseruandæ transmigationes hominum in pecudes, in feras, in arbores, in fluuios, in saxa, & in res alias animâ priuatas, quibus conditiones & proprietates mortalium luculenter exprimuntur: Nam omnes qui à virtutis tramite ad viam flagitiorum delabuntur, se foedis libidinibus polluũt perniciosis indulgent voluptatibus, aut alijs vitiorum pestibus laborant, donec in hoc turpissimo & miserrimo vitæ statu perseuerant, neque ad sanitatem per gratiam Christi, & morum emendationem reuertuntur: eos, inquam omnes, quia non humanam, sed beluinam uitam trãsigunt, certum est coram Deo reuera nihil aliud esse quàm bestias de sanitate mẽtis deturbatas, nihil aliud quàm truncos & stipites, quàm cautes & scopulos, quorum cor adeò stupefactũ, induratum, & callo quasi obductum est, ut nullis neque minis, neque precibus, neque mandatis, neque commonefactionibus diuinis ad obedientiam flectantur, dum petulanter aures suas ad omnes frugiferos & salutares Dei monitus & præceptiones occludũt & in suis perire delictis potius, quàm ad meliorem vitæ frugem redire, concupiscunt.

  Hæc & alia plura, si quis accuratam de ijs suscipiat cogitationem, in fabulis Ouidianis in profundo quasi abstrusa & abdita latere animaduertet. Hoc igitur modo legendi sũt tàm Poëtæ quàm Historici, vt ipsa lectio nó

PRAEFATIO.

solùm ad suauitatem & delectationem inde percipiendam, sed ad virtutes potius exprimendas atque imitandas, & ad turpitudinem procul abijciendam referatur: velut enim Musica, quæ tantùm aures inani strepitu ac tinitu demulcet, nec ad componendam animæ harmoniā aliquid mométi confert, voluptaté habet ἄλογον omnisque rationis & vtilitatis expertem, dátque (vt Poëtæ verbis vtar) sine mente sonum: Sic omnis historiarum, quamuis splendida & copiosa noticia, sine conformatione morum ac directione vitæ ad certas exemplorum imagines, scientia tantum vana est, & parum conducibilis.

Quamobrem fructus ex historijs & fabulis capiendus hic est præcipuus, vt & intelligé tiam & cognitionem earum rerū, quæ ad gloriam & immortalitatem nobis prodesse videntur augeamus, & omnes nostras actiones ad nomen Dei propagandum, & virtutis æternū decus adipiscendum, tanquam ad vnicam metam, certissimámque salutis normā dirigamus: Sic fiet, vt vicissitudiné, inconstantiámq; rerum humanarum perpēdentes in aduersis placidi ac tolerantes, in secundis moderati, in repentinis casibus fortes: in affluentia & abundantia benefici, in paupertate sorte nostra cōtéti, in morbis & alijs difficultatibus animosi, in omni denique vitæ nostræ statu, intra mediocritatis limites, quos vltra citraque nequit consistere rectum, constituti maneamus. Ad hæc & eiusmodi, nimirum ad imposturas Sathanæ, quibus incautos circumuenit, ad pugnam rationis & affectuum, qua viri sæpe fortissimi grauiter luctantur, ad horribilia denique scelera, in quibus maxima pars hominum, tanquam in cæno, volutatur, Allegoriæ nostræ, quæ sub finem cuilibet enarrationi sunt affixæ, respiciūt, de quibus omnibus cādido lectori suum facere iudicium liberam concedimus facultatem.

Vnum adhuc restat, quod meminisse hoc loco volumus, nimirum in hac fabularum dispositione, directum historiarum ordinem, seriemque temporis concinnam, non semper obseruari: Ea enim quæ prius gesta sunt, sæpe posteriori, & quæ post acciderunt priori loco, more Poëtico & ordine, quem autores illi pro arbitrio suo constituunt, recēsentur. Hoc ideo significare volui, ne quis fabulas hasce temeraria & præpostera quadam ratione coaceruatas existimet: Propria enim arte, & peculiari modo Poëtæ per narrationes videlicet, suis figmentis inserunt historias, id quod ex Homero, Vergilio, & alijs Poëtis, ad quorum imitationem noster quoque suam Metamorphosin effinxit, manifestè deprehensum apparet. Si quis autem perpetuitatem & continuationem historiarum perfectam desiderat, is integrū Nasonis opus diligéter euoluat ibi præter apparatum oratorium, præter insigni a verborum, ac figurarum lumina, mirificam, & maximè artificiosam connexionem fabularum, animaduertet.

Hæc Præfationis loco in medium afferenda duxi, quæ pro æquitate sua Lector candidus bonam in partem accipiet, & de omnibus sincerè iudicabit: siquid præterea in hoc opusculo mendosum, aut minus elaboratum, perpolitumque inuenerit, illud ipsum partim āgustiæ temporis, à qua interclusus, partim certo carminum numero, ad quem astrictus fui, ascribet. Longissimas enim historias, latéque patentes interdum, in paucos versiculos redigere coactus sum, hinc obscuritatem euitare prorsus, vt voluntas mea tulit, non potui: Si quid tamen in enarratione carminū Lectori defuerit, præcedens argumentum diligentius inspiciat, & ex amborum collatione genuinum sine dubio sensum, citra vllam difficultatem, eliciet: Nam studiose operam dedi, vt quod in altero breuitatis causa mihi omittendum fuit, in altero compensaretur. Ea quoque in re posthac curam ponemus assiduam vt Enchiridion hoc magna cupiditate, à multis bonis & doctis hactenus expectatum, & nunc in gratiam omnium eorum, qui li-

PRAEFATIO.

teris & rerum veterum monumentis dele-
ctantur, confectum, auctius & emendatius
aliquando in apertum proferatur, ne
quid in labore nostro iure desiderari
queat. Interim hos qualescúque
conat⁰, Lectorem benignũ,
æqui boniq; vt faciat,
maioré in modũ
obtestamur.
Vale.

PVB. OVIDII ME-
TAMORPHOSEOS
LIBER I.
Elementorũ distributio. I.

CHaos (vt opinatur Heliodus) fuit ante creationem mundi promiscua rerũ cõfusio, quæ postea in suas species distincta & distributa est. Quocirca leuissimum corporum æther igneus, & hunc infrà aer frigidus, omniáque sidera, mundi sublimioré sibi partem vendicarunt, per quę Solis splendor ac lumen celeste vagatur: Grauissimum autem terra videlicet & aqua, in parte omnium infima collocantur.

ENARRATIO.

Ante globũ cœli, terras campósq; liquentes,
  Vnica naturæ forma, rudisq; fuit.
Nempe Chaos, tum pondus iners, tum massa tenebris
  Obruta, nec propriis associata locis.
Hinc elementa diu confusio mœsta premebat,
  Hinc nitida tetrum luce vacabat onus.
Ignis, humus, tellus permiscebantur & aer,
  (Fertilis vnde fluit rebus origo suis)
Hunc ergò rigidum tandem dissoluit aceruum,
  (Pulchro disponens ordine cuncta) Deus:
A cœlo terram seclusit, ab aëre Pontum,
  Certis naturam legibus ire iubens.

VERA INTERPRETATIO.

Hæc priscis olim sententia fixa Poëtis,
  De mundi prima conditione fuit:
Haud dubie patribus quondam clarissima fulsit,
  Cognitio summi (qui regit astra) Dei.
Hanc quoq; posteritas ceu primis hausit ab annis,
  Hinc ad gentiles fama superstes abit.
Vera sed effictis quia sunt vicina, peractis
  Aspergi rebus fabula sæpe solet.
Nosse cupis verum, sacros euolue Libellos,
  Qui de præteritis te meliora docent.
Bis tribus absoluit Genitor miracla diebus,
  Quæ vel adhuc hodie lumina nostra vident.
Condidit ex nihilo per inenarrabile VERBVM
  Omnia per quod idem cuncta creata fouet.

Animantibus habitandi locus assignatur. II.

Distinctis iam, & à se disclusis Elementis, cuilibet Regioni tam superiori, quã inferiori, certa & peculiaria tribuuntur animã- tia: pòst etiam homo veluti terræ futurus cultor, ac Dominus, procreatur: Prometheus enim Iapeti filius, terram imbri molliuit, & ex hac hominem ad Dei similitudinem & imaginem finxit, cuius facies non prona, vt cæterorum animalium, in terram spectat, sed semper in cœlum erecta tollitur.

OVIDII METAM.
ENARRATIO.

Post vbi discreuit Deus omnia limite certo,
   Mox æther vario sidere clarus erat,
Squamigerum pecus incipiunt habitare sub vndis,
   Et liquidum velox aëra tranat auis,
Picta feras tellus, ac cætera bruta receptat,
   Postmodò terrestri corpore prodit homo:
Hunc satus Iapeto fertur formasse Prometheus,
   Qui tibi cælesti denotat arce Deum.
Hic quia de limo finxit terraq; palustri,
   Humanum certa cum ratione genus,
Cretus homo fragili primus de puluere surgit,
   Nos cuius soboles, posteritasq; sumus.
Mens immortalis datur huic, et sancta voluntas,
   Os sublime, frequens cernat vt astra Poli.
In terras oculos animalia bruta retorquent,
   Vt saltem venter pabula crassa voret:
Nos Deus erectos ad sidera tollere vultus
   Præcipit, vt cæli pectora tangat amor.
Vt propriam stabili patriam feruore petamus,
   Non datur hîc certos incoluisse lares.

ALLEGORIA.

Verus homo semper sublimia mente volutat,
   Supremas reputans nocte dieq; domos:
Carnalis contrà tutam sibi figere sedem
   Appetit in fluxis (stultus inopsq; bonis:
Quisquis es, æternam semper prepone salutem
   Rebus, quas aufert hora suprema necis.

Aetas aurea. III.

ACcepta iam luce, Mundus quasi in ætates & secula quædam distribuitur, quibus pro variis morum qualitatibus, nomina sunt imposita, videlicet Aureum, argenteum, æneum, & ferreum. Sicut enim hæc inter se metalla maximè discrepant, & aliud alio preciosius habetur, ita etiam istæ quatuor ætates longo à se interuallo remotæ sunt. Aureum verò dictum est seculum, in quo regnáte Saturno, rerum omnium plena fuit tranquillitas.

ENARRATIO.

Ordine nūc quadruplex hominū depingitur ætas,
 Vnde status mundi, vitaq́; tota patet.
Secula de rutillis nomen traxêre metallis,
 Semper enim præstat posteriore prius.
Scilicet argentum fuluo superatur ab auro,
 Nec precio constant ambo metalla pari.
Sic æri ferrum cedit rubigine tectum,
 Tantundem propria nec bonitate valet.
Temporis haud aliter quadruplex distinguitur ætas,
 Prima sibi summum vendicat apta locum
Aurea, ceu reliquas inter dignißima, splendet,
 Quâ coluit Mundum fœdera sancta Dei:
Et lata vitam duxit sine lege pudicam,
 (Tranquillæ placido pacis amore fruens.)
Absq́; metu populum pietasq́; fidesq́; regebat,
 Cursum iustitiæ conficiebat homo.
Mox tamen in peius cœperunt cuncta relabi,
 Pristina nec probitas mansit (vt antè) diu.

ALLEGORIA.

Ista tibi forsan Daniel quoq́; secula vates
 Promit, dum prudens somnia mira refert.
Viderat effigiem quia rex Babylonicus, auro
 Cui nitido totum fulsit vbiq; caput.
Argento pectus, venter post ære micauit,
 Debilior ferri sed pede nixa stetit.
Sic omnes mortale genus decrescit in horas,
 Heu pulsant nostras fata suprema fores.

Aetas argentea. IIII.

Seculo ex auro migrante in argeneum, grauiora incumbere mortalibus cœpêre Ver, prius continuum, in quartam anni partem contrahitur, cui deinde æstas, autumnus & hyems succedunt. Ab hominibus speluncæ, & ex arborum atque corticum congerie habitacula extructa, incoluntur, terráque iam negante fruges mortalibus per se crescentes, duris agriculturæ laboribus alimenta comparantur.

B iiij

OVIDII METAM.
ENARRATIO.

Post vbi regna vago Saturnus in orbe reliquit,
　Totus & inuicto sub Ioue mundus erat,
Altera iam subijt signis peioribus ætas,
　Tempora quæ secum deteriora tulit,
Sed toleranda tamen: iam Ver contractius extat,
　Mobilis & partes quatuor annus habet,
(Quem flexo veteres olim serpente notârunt,
　Nam velut in se se circulus ipse meat.)
Lubrica iam vicibus succedunt tempora certis,
　Pars quæuis propria conditione redit,
Ver, æstas, autumnus, hyems, discrimina reddunt,
　Hinc homines vitæ cura laborq́; premunt.
In siluis quærunt habitacula cortice iuncta,
　Frondibus arboreis hos casa parua capit.
Et quia iam fruges tellus haud sponte ferebat,
　Scinditur obtuso vomere durus ager.
Pinguia post fractis mandantur semina glebis,
　Hinc solet agricolæ certa redire seges.

ALLEGORIA.

Dicitur hoc æuum præsens, argentea proles,
　Ætas præcellit quam bonitate prior,
Assyrios veluti non exæquare Monarchas
　Persica laudato Regna decore queunt,
Argento nitidum solido quæ pectus adumbrat,
　Ceu tibi diuina voce Propheta canit:
Sic res humanas fati decreta gubernant,
　Et nil perpetuum sæcula nostra vident.

Aeneum & ferreum seculum. V.

TErtium seculum æneum argento durius erat quo homines à pace & concordia remoti in prælia & res bellicas propendebant. Pòst quartum id est ferreum seculum erupit, quod habendi cupiditate, liuoréque adeò laborat, vt non sine periculo capitis etiã se mari committeret: imò ad tantam rabiem progrederetur, vt ob teterrimã auariciæ pestem, alij alios, ferina quadam crudelitate, é medio tollerent.

OVIDII METAM.
ENARRATIO.

Tertia nunc sequitur soboles, quæ nomen ab ære
  Obtinet, & dictis est probitate minor.
Sæuior ingenio, bellis assueta gerendis,
  Extimulat flagrans pectora Martis amor.
Hinc ad conflictus, & horrida promptior arma,
  Crimine seposito, nascitur acer homo.
Cui pòst succedit, quæ, ferrea dicitur, ætas,
  Inuehit hæc secum protinus omne nephas.
Aufugiunt pietas, virtus, rectiq; decorum,
  Mox subeunt fraudes, vis, scelus, ardor opum.
Hîc dubio primum credens se nauita ponto,
  Intrepidè fallax tentat adire fretum.
Condita mortales rimantur viscera terræ,
  Et promunt auri vasta talenta grauis.
Aspera sanguinei surgunt hinc prælia Martis,
  Exoritur cædes inter vbiq; uiros.
Vtq; suprema sequar paucis vestigia rerum,
  Ius iacet extinctum, vis truculenta viget.

ALLEGORIA.

Æneus hæc venter tibi secula bina retexit,
  Et quæ Fatidicus, ferrea crura notat.
In nos hæc eadem recidit miserabilis ætas,
  Exulat in mundo pax, & amica fides.
Exulat hoc pietas, & amor fraternus, in æuo
  Et summum retinent frausq; dolusq; locum.
Bellaq; terribiles ministantur atrocia clades,
  Præcurrunt magnum talia signa diem.

Gigantomachia. VI.

Gigantes, vt Poëtæ fabulantur, immensæ moli homines, & similes matri filios, terra produxit, quorum magnitudine par exarsit audacia: nam extructis in excelsum aggerem montibus, sacrilegas manus ipsis cælestibus afferre conabantur, sed fulmine deturbati genus impium profuso sanguine generârunt: Cruor enim ipsorum terræ permistus homines procreauit, haud longè ab origine discrepantes.

ENARRATIO.

Terra creat rigidos immani mole Gigantes,
    Queîs mens in superas stat penetrare domos.
Congestos glomerant ad splendida sidera montes,
    Et cupiunt propria sede mouere Iouem.
At pater omnipotens illos deturbat acuto
    Fulmine, quod tactu corpora dira necat.
Immaduit fuso natorum sanguine tellus,
    Atq; cruor sobolem procreat inde parem,
Contemptrix superùm prodit scelerata propago,
    Et quæ sanguineas fert violenta manus.

ALLEGORIA.

Fabula de vero forsan primordia duxit:
    Temporibus priscis nanq; Gigantes erant.
Dissimili multum geniti de stirpe parentum,
    Quæ proles valdè nequitiosa fuit:
Pòst alij plures cœptis audacibus altæ
    Immensam molem turris ad astra struunt,
Linguarum sed opus confusio mixta resoluit,
    Et labor in ventos irritus omnis abit:
Sic Deus infestos hodierna luce tyrannos,
    Quiq; gerunt fastu turgida colla, premit,
Vilia præsentis qui temnunt munia sortis,
    Viribus at proprijs scandere celsa petunt.
Euecti cælo, miseranda morte ruinam
    (Ad Ditis pulsi tartara cæca) trahunt.
Haud virtute sua quisquam conscendit Olympum,
    Profluit à Christi munere tantus honor.

Concilium Deorum. VII.

IVpiter horrendi sceleris, quo se mortaliū genus polluebat, impatiens, querimonia ad Deos relata, de totius terrarum orbis destructione, consilium capit: Nam ex Gigāteo sanguine nascebatur sacrilega mente progenies, quod Lycaonis testatur exemplum, qui factis suis atrocibus Iouem in se iratum, inprimis accenderat.

ENARRATIO.

PErfida Progenies de sanguine nata Gigantum,
   Cum strueret capiti damna futura suo.
Flagitiisq; Deum iustas raptaret ad iras,
   Iamq; modum supra glisceret omne scelus.
Iuppiter exurgens, horrenda Lycaonis ausa
   Voluit & indigno crimina corde putat.
Conciliumq; vocans ad magni tecta Tonantis,
   Regalemq; Deos congregat ipse domum.
Detegit hisce suos arcano in pectore motus,
   Accusans hominum turpe feroxq; genus:
Illorumq; nimis crudelia gesta recludens,
   Autumat hos pœnas commeruisse graues.
Per mœstas igitur iurat, stygiasq; paludes,
   Se mox supplicio plectere velle malos.
Cuncta tamen tentanda prius medicamina censet,
   Annuit alma cohors, cõsiliumq; probat.

ALLEGORIA.

Sic hodie quoties tumidos flagrant e Tyrannos,
   Igne Deus pellit Ditis ad vsq; lacus.
Nascitur illorum similis de semine proles,
   Turpia committit quæ malefacta Patrum.
Obseruans eadem certo vestigia gressu,
   Nec metuens iusti signa tremenda Dei.
Inde nequit meritas soboles deflectere pœnas,
   Vltio vibrati fulminis instar adest.
Dum peruersus homo secura mente superbit,
   Præ foribus lethi fata sinistra cubant.

Lycaon in Lupum.
VIII.

LYcaon Arcadiæ Tyrannus, cùm aduenas & hospites trucidaret, Iuppiter simulata hominis specie ad eius Regiam accedit, cui tanquam mortali necem Tyrannus præparans, humana prius membra deuoranda, velut hospitali quadam humanitate, proponit. Quod cum Iuppiter sentiret: eum non penitus interemit, sed in Lupi formam conuertit, qui & mores in rabie, & nomen Lycaonis in appellatione retinebat.

ENARRATIO.

Rex erat Arcadiæ rabidus feritate Lycaon,
  Hospitibusq; necis dira pericla struens.
Illius ingreditur (mortalis imagine) tectum
  Iuppiter, ad Diui plurima signa ferens:
Huic parat extemplo crudelia fata Tyrannus,
  Antè tamen mensis accubuisse iubet.
Moxq; Ioui tostas carnes proponit eorum,
  Arcadis atroci qui cecidêre manu.
Hîc Deus indignans, rapidis domicilia flammis
  Perdidit, inde fuga Rex citò terga dedit.
Euasitq; lupus, pecorum tunc sanguine gaudens,
  Notaq; præteriti signa furoris habens.

ALLEGORIA.

Exprimit hic homines rabiosa mente, Lycaon,
  Terribiles vincunt qui feritate lupos,
Quos inhiare iuuat (scelerata fraude) rapinis,
  Qui neq; se spoliis exaturare queunt.
Pauperis extremo multi corradere damno,
  Incipiunt auida fauce potenter opes,
Et sic alterius denudant uiscera: tandem
  Sollennes epulas instituisse parant,
Templorumq; suis cumulant altaria donis,
  Cernit at illorum corda maligna Deus.
His furibunda manet quoniam natura luporum,
  Insidias ouibus nocte dieq; struunt,
Inq; greges pecudum sitientia guttura pandunt,
  Heu quot adhuc tellus nutrit iniqua Lupos?

Diluuium

Diluuium. IX.

HAbita deliberatione Iouis in Concilio Deorum, quónam supplicio humanum genus delendum esset, tandem propter audaciam Lycaonis, cæterorúmq; mortalium deploratam nequitiam, qui horrendis suis sceleribus etiam Deorum potentiam tentabant, vniuersum orbem terrarũ profusis imbribus inundauit, adeò vt opertis diluuio montibus omnis humana caro, (duobus tantũ exceptis) interiret.

ENARRATIO.

Vt Mortale genus scelerum caligine mersum
    Ingreditur cæcum perditionis iter.
Nec pœnis adeò, monitis neq; flectitur vllis:
    Supplicium reprobos exitiale manet.
Fixa Iouis mens hæc (quem non sententia vertit)
    Perdere diluuio cuncta creata stetit,
Qui citus exequitur decreta latentia corde,
    Ac toto pluuias æthere fundit aquas.
Ex alto manant quasi grandia flumina cœlo,
    Misceturq; feri nigra procella Maris.
Vndarum terras gurges rapidissimus opplet,
    Cælantur turres: omnia pontus habet.
Hîc homines pereunt, volucres, animantia, nulli
    Parcitur, vndarum copia cuncta rapit.

ALLEGORIA.

Historiam pandunt tibi sacra volumina certam,
    Quam noster ficto more Poeta canit:
Nam genus humanum largis extinguitur vndis
    Ac totum miserè fluctibus omne perit.
Sicq; suæ pœnas fert impietatis acerbas,
    (Prodit enim tandem vindicis ira Dei.)
Noe tamen solum casus euadere tantos,
    Illiusq; domus, tanta pericla, queunt.
Sic in peccatis submersus corruit orbis,
    Sordibus inq; suis occidit ægra caro:
Solus at è tumidis emergit fluctibus ille,
    Qui Christum pura mente fideq; colit.

Finis Diluuij. X.

Vm vniuersum genus humanum per aquas diluuij iam deletum & extinctum esset, cymbula Deucalionis (cuius Pater Prometheus erat) vnà cum Pyrrha Epimethei filia & coniuge sua charissima (qui soli è cunctis mortalibus supererant) in Parnasso monte Bœotiæ altissimo, ad nubes usque penetrate, consedit.

C ij

ENARRATIO.

Horrida tempestas homines vbi texerat atris
   Imbribus, & plenus flumine mundus erat:
Iamq; domos, vrbes, lucos, montesq; superbos,
   Turgida funesto merserat vnda lacu:
Deucalion fida superest cum coniuge solus,
   Tranans imcolumis fata seuera freti.
Parnassum (cœlos tangit qui culmine) montem
   Illius extemplo cymbula curua petit.
Hîc appellit homo, cultor probitatis, & æqui,
   Cum consorte thori, numina sacra vocans.
Iam quoq; paulatim cernit subsidere fluctus,
   Iam surgunt colles, & mare littus habet.

ALLEGORIA.

Deucalion tibi Noe pium designat, & arcam,
   (Qua saluatus erat) nauis adunca refert:
Nam cùm tota cohors hominum subuersa periret,
   Et scelerum pœnas flumine mersa daret,
Iustitiæ præco, tantas euadere clades,
   (Cumq; suis tutus viuere) dignus erat:
Is Dominum puro complectebatur amore,
   Huius & explebat pectore iussa pio,
Sic bonus emergit, tempestatumq; procellas,
   Et diræ superat nubila spissa necis.
Improbus at contrà, qui colla tumentia cœlo
   Erigit, & similem se putat esse Deo,
Præceps ad nigri mœstissima regna Tyranni
   Truditur, æterno tempore lucis egens.

Reparatio generis humani.
XI.

Deucalion vnà cum Pyrrha coniuge sua, Themidis vatis oraculum, de reparando Mortalium genere consuluit: ex cuius respõsione significatum est, vt corporibus discinctis, & velato capite, ossa Magnæ Parentis, id est lapides terræ, retrò atque à tergo iacerent. Proiecta igitur à Deucalione saxa mares, à Pyrrha verò fœminæ confestim euaserunt.

OVIDII METAM.

ENARRATIO.

Iam desolatas prospectans vndiq; terras
  Deucalion, lachrymas fundit ab ore graues,
Affaturq; thori consortem nomine Pyrrham,
  O soror ô coniux, spes mea dulcis, ait:
Nos duo turba sumus, cuncta de gente superstes,
  Humanum crescet qua ratione genus?
O vtinam liceat populos reparare peremptos,
  Consilium forsan numina sacra dabunt.
Accedunt igitur Themidis delubra potentis,
  Summissóq; Deæ corde precantur opem.
Quæ velare caput, tunicasq; resoluere cinctas
  Ambos, ac Templum deseruisse iubet.
Dehinc etiam iactare citò post terga Parentis
  Dura creatricis præcipit ossa Themis.
Ancipites timida voluunt oracula mente
  Ambo, datæ sortis dum reperêre viam.
En lapides terræ sua post vestigia mittunt,
  (Qui Magnæ lapides ossa parentis erant.)
Protinus humanam sumunt sibi saxa figuram,
  Inde recens magno crescit in orbe genus.

ALLEGORIA.

Heu sumus, à veteri quotquot generamur Adamo,
  Horrida progenies, pectora dura gerens.
Nec medicamen adest, quod saxea corda resoluat,
  Quàm Mediatoris gratia sancta Dei.
Amouet hæc sævum spissa de mente rigorem,
  Hinc fiunt mollis, membra petrosa, caro.

Python serpens ab Apolline interficitur. XII.

EVigore Solis, quæ est causa generationis animalium, terra post Cataclysmon, inter cæteras brutorum species etiam Pythonem serpentem edidit, forma quidem ignota mortalibus. Hunc Apollo sagittis suis interemit, & ne eius nomen aboleret, instituit ludos ac certamina in perpetuá rei memoriá: Hinc & ipse Apollo Pythius, ludique Pythij sunt nominati.

OVIDII METAM.

ENARRATIO.

Irriguo postquam tellus humore madebat,
 Percaluit sicco Solis ab igne lutum:
Terraq́; brutorum species, ac mille figuras
 Protulit antiquas: & noua monstra dedit.
Nascitur hinc etiam squamoso corpore serpens,
 Triste venenato virus et ore vomit.
Horrificum populis idem minitando pauorem
 Incutit, ac trepido corda timore replet.
Hunc arcu sequitur flexo crinitus Apollo,
 Intentans illi spicula saeua necis.
Depromptis pharetra, Pythonem mille sagittis
 Obruit, inq́; latus tela cruenta iacit.
Ac monstrum fuso per vulnera nigra veneno
 Contudit, ludos instituitq́; nouos.

ALLEGORIA.

Cætera sic præter serpens animalia tortus,
 Hostica sanguinei signa furoris habet.
Insidiasq́; struit tacitas mortalibus ægris,
 Liuor eos inter, lisq́; nefanda manet.
Nam Sathanas tumidū se transformauit in Anguē
 Decipiens primam fraude latente patrem.
Cladibus hinc homines miseros immersit amaris,
 Hinc nos infestat perniciosa lues.
Sed tamen horrendi turgentia colla Draconis
 Contudit æterni Filius ipse Dei.
Hic vicit rabidum preciosa morte Tyrannum,
 Vlla ne posset parte nocere pijs.

Daphne amatur à Phœbo.
XIII.

Daphne Penei fluminis filia, cū omnium virginum, quæ in Thessalia essent, speciosissima haberetur, adeò quidé, vt & Deos sua pulchritudine caperet: Apollo cùm eá cōspexisset, forma illius supra modum delectabatur, quam, cùm neque pollicitis, neque precibus permouere posset, ei vim inferre tētauit.

OVIDII METAM.
ENARRATIO.

Egregio quondam Daphne Peneia vultu,
  Thessalicas inter, virgo suprema fuit.
Candida cui facies pulchro suffusa rubore
  Splenduit, & roseo luxit in ore decus.
Illam Phœbus amat, sed non succedit amanti
  Propositum, fallunt irrita vota Deum.
Intactæ siquidem mens est immota puellæ,
  Perpetuò casta virginitate frui.
Vritur immodicis inter præcordia flammis
  Phœbus & ardenti pectore surgit amor.
Insequitur Daphnes celeri vestigia cursu,
  Illius & blanda nomina voce vocat.
Quò magis hic ardet, tantò fugit ocyor illa,
  Fluxa nec in precio verba vocantis habet.
Dum neq; promissis, precibus neque vincitur vllis,
  Dulcia nec Veneris gaudia scire cupit.

ALLEGORIA.

Insano velut hîc Titan indulget amori,
  Et cæco Daphnes carpitur igne salax.
Haud alia Sathanas animam ratione Tyrannus
  Humanam letho tradere semper auet:
Insequiturq; bonam varijs insultibus audax,
  Et lapsu miseram deteriore grauat.
Ad se blanditijs homines inuitat amœnis,
  (Instructus miris fraudibus atq; dolis:)
Dæmonis at syncerus homo mala retia vitans,
  Cautus ab illius tramite flectat iter.

Daphne in Laurū. XIIII.

DAphne ab Apolline diu multūque cursu defatigata, & ipsius conspectum strenuè fugiens, tandem Patrem inuocabat, vt ei ferret auxilium, & virginitatem, quam ipsi promiserat, conseruaret integram. Hanc ergo filiam suam, auditis precibus Parens, vt vim insequentis effugeret, in Laurum transmutauit.

ENARRATIO.

PHœbus vt insequitur Daphnen velocibus alis,
  Et requiem fessæ (captus amore) negat:
Imminet huic tandem, tergoq́; fugacis inhærens,
  Stridula, diffusas afflat, vt aura, comas.
Virgo sed exhaustis pallescit viribus, alba
  Stans rigido celeris victa labore fugæ.
Post vbi lassa nimis Penëidas aspicit vndas,
  Territa succlamans, fer (Pater) inquit, opem.
Inde grauis torpor teneros complectitur artus,
  Cinguntur duro mollia membra libro.
Moxq́; pili frondes nascuntur brachia rami,
  Fitq́; palatino Laurus amata Deo.

ALLEGORIA.

Sic animam quoties rabiosa fauce malignus
  Venatur Sathanas, oraq́; pandit atrox:
Ipsius insidias fugiens, artesq́; dolosas,
  Fortiter immota mente repugnet homo.
Imploretq́; sui numen cœleste Parentis,
  Ceu patris auxilium virgo relicta vocat.
Et sauis talem rapiet, grauibusq́; periclis,
  Mutabitq́; cito corda priora Deus.
Hunc simul in Laurum tunc trāsformabit amœnam
  Quæ radice sua tendit ad ima procul.
Perpetuoq́; viret, nec fulmine tangitur vllo,
  Gratus & è teneris frondibus exit odor.
Sic quoq́; talis homo casus superabit acerbos,
  Semper & illius dulce vigebit opus.

Iupiter & Io. XV.

INachi amnis filia, cùm æquales sua specie superaret, à Ioue adamata est, quæ cù in syluam opacam se reciperet, Iupiter medio die nebulas induxit: Admotis deinceps precibus, virgo desiderium eius expleuit. Cæterùm ne puella in Iunonis iram incideret, à compressore, post facinus perpetratum, in vaccā est trāsmutata.

ENARRATIO.

Inachus amnis erat, liquidis vberrimus vndis,
 Fletibus & lachrymis ille rigabat aquas.
Io nam perdens sobolem quærebat ademptam,
 Partibus in multis nec reperire datur.
Iupiter hanc patrio redeuntem flumine solam
 Viderat, occulta quam petit arte salax.
Admonet vt lucos subeat, latebrasq́; ferarum:
 Nil dicens metuas, præside tuta Deo.
Inductis pariter nebulis, caligine terram
 Implicat, & cæca nocte reuoluit humum.
Et sic virgineo fruitur lasciuus amore,
 Tales at Iuno sentit acerba dolos.
Miratur tenebras nitida sub luce diei,
 Iuppiter exemplo facta nefanda tegit.
Mutat & in vaccam speciosa fronte puellam,
 Inachis euadit bos adamata Ioui.

ALLEGORIA.

Iuppiter hic veteris ludibria sæua Draconis
 Exprimit, is nebulas insidiosus amat.
Auersans rutuli candentia lumina Solis,
 Nos quoq́; speluncas incoluisse iubet.
Et prius ad facinus quàm nos compellat agendum,
 Inuehit & medio nubila densa die.
Et leue peccatum, nec atrocia crimina reddit,
 In laqueos donec præda petita cadat.
Tunc homo fit similis vaccæ ratione carentis,
 Amittens animi munera celsa sui.

Io in Vaccam. XVI.

IOuis fallaciam vbi Iuno intellexisset, petiit ab eo, vt veluti munus vaccam ipsi daret, quia formosior esset cęteris armentis. Iupiter verò, ne, si denegaret puellam proderet, confestim vxorem petitionis ac voti sui compotem reddit. Iuno igitur, ad prohibendum Iouis cum pellice concubitum, Argum Aristonis filium, centum oculos habentem, ei præposuit.

OVIDII METAM.
ENARRATIO.

Vm se fraude Iouis captam Saturnia sensit,
    Detur vacca loco muneris alba petit.
Egregiæ cùm sit species miranda iuuencæ,
    Iuppiter hanc illi iure negare nequit.
Munus ei tribuit vaccam candore nitentem,
    Nec caret accepto munere, Diua, metu.
Nam Iouis insidias, & callida furta mariti
    Expendens, dubij plena timoris erat.
Ergò bouem vigili seruandam tradidit Argo,
    Centum cui lustrant lumina clara caput.
At vicibus certis carpunt modò bina soporem,
    Fortiter excubias cætera semper agunt.
Omnibus in locis Argo, spectabilis Io
    Astat, in hanc oculos torquet vbiq; suos.
Luce quidem vesci sinit hanc viridantibus herbis,
    Cornua sed vinclis nocte recurua ligat.

ALLEGORIA.

Sic homo quem Dæmon malus à pietate reflexit
    Ad scelus, horribili subditur ipse iugo.
Quicquid agit, quocunq; meat, captiuus oberrat
    Libertate (sibi quæ fuit ante) carens.
Illius & gressus centeno lumine seruat
    Hostis, vt hunc falso tramite ducat atrox.
Et vetat ad pietatis iter, frugémue reuerti,
    Quem vafra laqueis implicat arte suis.
Discat homo sæui technas vitare Tyranni,
    Lucida queîs nobis claudit ad astra viam.

Argus

Argus & Mercurius.
XVII.

Mercurius à Ioue Patre suo, ad Argum interficiendum, habitu pastorali mittitur, cuius ille mandato protinus obtemperans, ad Argum accedit, eundémque fistulæ dulcedine suauiter admodum demulcet, & oculos pastoris ita paulatim somno implicare conatur, vt facilius deinde necandi eius occasionem arripiat.

OVIDII METAM.
ENARRATIO.

Iuppiter Inachidos casu turbatur acerbo,
  Ipsius grauiter fata dolenda ferens.
Mercuriumq; cito terras demittit ad imas,
  Argum, quem vita dispoliare iubet.
Protinus ille Patris mandata celerrimus explet,
  Ac promptus celsa desilit arce Iouis.
Cælestem remouens habitum, per rura vagatur
  Deuia pastorem vilis imago refert.
Iucundam gracili Musam meditatur auena
  Callidus: arrectis auribus Argus adest.
Afficiturq; noui mira dulcedine cantus,
  Et lepidos docta suspicit arte sonos
Pergit Athlantiades animum mollire canendo.
  Dum premat ipsius lumina capta sopor.
Ille tamen certa lentum deuincere somnum,
  Sic inuadebat pectora dulce melos.

ALLEGORIA.

Hoc designatur cantu mellita voluptas,
  Illecebræq; graues, quas malus orbis habet.
Humanas etenim demulcent suauiter aures
  Deliciæ carni gaudia multa ferunt.
Sed sic lethali merguntur corpora somno,
  Sic etiam vicijs mens adoperta iacet.
Hæ sunt Syrenes, hæc est deterrima Cyrce,
  Quæ fatum nobis, interitumq; parant.
Frena voluptati quiuis durissima ponat,
  Exiguo mellis tempore gustus abit.

Syrinx in arundiné. XVIII.

Syringa Nympharū, Naiadúmque speciosissimam, cū Pā Demogorgonis filiº adamasset, & eā persequēs vsq; ad Ladoné, Arcadiæ flumē, copulisset, ipsa, ne vi castitaté deponere cogeretur, sororum auxilio in arundinem conuersa est, ex qua Mercurii fistula deinceps conficiebatur.

OVIDII METAM.
ENARRATIO.

Quærit Aristorides, quá nam ratione paratus
  Sit suauis calamus: cui deus Arcas ait,
Naias vna fuit, Syrinx quæ nomen habebat,
  Eximiam speciem Nympha colore ferens,
Hanc Pan ardebat flagranti captus amore,
  Illius obseruans, quod faciebat, iter.
Poscebatq́; Deæ connubia sancta Marinæ,
  Sed precibus spretis auia (Nympha) petit.
Aufugit & subitò, donec Ladonis ad amnem
  Peruenit, hîc cursus impedit vnda citos.
Implorans ergò turbata mente sorores,
  Vertitur in cannam protinus ipsa leuem.
Dumq́; ibi suspirat, vento fluuialis arundo,
  Concita iucundos edidit vsq́; sonos.
Fistula de calamo mea pòst compacta recenti,
  Hac (genitus Maia dixerat) arte canit

ALLEGORIA.

Nympha potest animam tibi designare nocentem,
  Quæ tetra vitam perdita labe trahit.
Illecebris pariter mundi petulanter inhæret,
  Aspernans temerè fœdera sacra Dei:
Conuertitq́; vagans rapidos ad flumina gressus,
  Vt possit vetito carnis amore frui.
Sed tunc in calamum mutatur (iniqua) palustrem,
  Ventus quem vehemens exagitare solet.
Hîc homo fit leuis & quauis impellitur aura,
  Inq́; sua firmus non statione manet.

Argus occiditur, Io reformatur. XIX.

ARgus cantu fistulę somno grauatus, à Mercurio capite truncatur. At Iuno ipsius oculos volucri suæ, nimirum Pauoni attribuit, eiúsque caudam pennis insignibus ornauit: Io autem vacca, diu multúmque odio Iunonis furijs agitata, tandem in pristinam figurá reuersa est, & Isidis Deæ nomén accepit.

OVIDII METAM.

ENARRATIO.

Post vbi concentu vario Cylleius Argum,
    Detinet, & sonitu languida corda domat.
Euictu torpens oculis obrepere somnus
    Incipit, & superat lumina cuncta sopor.
Hunc ergo celeri stertentem vulnerat ense
    Arcadius, peragens iussa paterna, Deus.
Excipit, ast oculos subitò Lucina micantes,
    Hisq; suam toto tergore cingit auem.
Pauonis caudam gemmis stellantibus ornat,
    Hinc volucrem vestis tam speciosa tegit.
Post infensa magis Iunoni redditur Io,
    Quæ lustrat varios exagitata locos.
Vacca simul terras currit furibunda per omnes,
    Sed miseræ tandem pristina forma redit.
Antiquam recipit (pœna cessante) figuram,
    Linigeræq; gerit nomen in orbe Deæ.

ALLEGORIA DVPLEX.

Principio casus lethi quem sustinet Argus
    Indicat, illecebræ quanta pericla ferant.
Et quàm carnis amor, quàm desidiosa voluptas
    Nos in luctificæ retia mortis agant.
Pòst etiam clades Io perpessa nefandas,
    Quàm gliscat Sathanæ vis truculenta, docet.
Sæpe pererrat homo furiis agitatus & œstro,
    Dum ratione carens in scelus omne ruit.
Cui nisi subueniat facilis clementia Christi
    Deperit, & vita sic spoliatus obit.

FINIS LIB. I.

OVIDII METAM
LIB. II.
Phaëtontis petitio. I.

PHaëton ex Sole conceptus, & à matre Clymene, Oceani & Thithyos filia procreatus, cùm ad ætatem peruenisset adultã, à matre ad patrem, Solem videlicet Orientem, mittitur: At ille, optione sibi à patre cõcessa, regendi currus Solaris amore accensus, facultatem, post multas monitiones & fideles instructiones, ejus rei liberã cõsequitur.

D iiij

OVIDII METAM.
ENARRATIO.

REgia Solis erat, gemmis, auroq́; decora,
    Lux vbi perpetuos gignit amœna dies.
Tendit eò Phaeton, Phœbi dubitat à propago,
    Hunc procul excelso conspicit axe pater.
Quis mea progenies, ait, huc te cursus adegit?
    O nunquam soboles inficianda mihi.
Posce, feres quodcunq́; libet pro pignore certo,
    Vnde tibi constet te genus esse meum.
Continuò currum Solis petit ille regendum,
    Ob promissa parens corda dolore grauat.
Et monet vt genitus votis desistat iniquis,
    Quem tanto fungi munere posse negat.
Vrget iners iuuenis grauiter promissa parentis,
    Et rapido currus flagrat amore miser.
Annuit ergo parens: præceptaq́; fida ministrans,
    Vt parcat stimulis, loraq́; stringat, ait:
Et medium benè seruet iter, faustosq́; precatur
    Successus iuueni: sed grauiora timet.

ALLEGORIA.

Hic tria præcipuè teneant, quoscunq́; potestas
    Imperijq́; grauis publica cura premit:
Cùm reliquis præsunt, stimulos & spicula prorsus
    Ponant ac placidè subdita membra regant.
Fortiter in reprobos validis vtantur habenis,
    Nec laxent agili frena remissa manu.
Pòst etiam medio virtutum tramite currant,
    Et moderent populos cum pietate suos.

Phaëthon tam supremas, quàm infimas mundi partes, incendit. II.

PHaëton iam currum ascendens, cùm per ignotum iter monitis paternis obedire nó possēt, quatuor equi ab alieno auriga, malè gubernati & conterriti, pronam mundi parté petierunt, multásque mortalium regiones, vrbes, montes, syluas, vnà cum hominibus subito ardore, inflammatas absumpserunt.

OVIDII METAM.

ENARRATIO.

Conscendit Phaeton plaudenti pectore currum
  Lætus, & ignotos flectere gaudet equos.
Protinus hi vacuas implent hinnitibus auras,
  Et properant celeri pura per astra gradu.
Principio solitos seruant curuamine gressus,
  Sed proprium callem non tenuere diu:
Nanq; leuis prisca currus grauitate carebat,
  Lubrica nec poterat lora mouere puer:
Inde vagatur equi, certo nec in ordine perstant,
  Sed superi tangunt sydera magna poli.
Altius egressi volitantibus æthera flammis,
  Ledunt & cæli lucida signa cremant.
At miser hinc iuuenis terras iam despicit ipsas,
  Ante oculos casus & sua fata videns.
Flectere nescit equos, nec nomina nouit eorum,
  Hinc rapit, & celerem currus ad ima viam.
Adq; globum Lunæ reuolat, combustaq; fumant
  Nubila, mox terras ignea flamma petit.

ALLEGORIA.

Solem iusticiæ Christum designat Apollo,
  Et Phaeton plenos ambitione viros.
Qui polypragmonicam gestant in corpore mentem,
  Hi nequeunt rebus rite præesse suis.
Nec sibi subiectos moderari legibus aptè,
  Fortia nec populis ponere frena sciunt,
Inde fit vt spreta vulgus probitate vagetur,
  Insani volitant ceu Phaëtontis Equi.

Casus Phaëtontis. III.

Cvm in tam horribili Phaetontis incendio, terra profusis, quasi lachrymis auxilium Iouis imploraret, &, ne totus orbis absumeretur flammis, obnixè peteret: Phaeton fulmine ictus, de curru præcipitatus est, quê Eridanus fluuius excepit. Itaque liberati vinculis equi, agnito itinere, ad suam stationem reuersi sunt.

ENARRATIO.

Horrida per totas serpunt incendia terras,
  Exurgitq́; rapax ignis & astra petit.
In cinerem cedunt magnæ cum montibus vrbes,
  Fontes, cum sylius arida flamma vorat.
Iamq́; vapor piceus magnum compleuerat orbem,
  Cùm soluit tellus vota suprema Ioui.
Et supplex veniam petiit, finemq́; laborum,
  Audijt ex alta Iuppiter arce preces.
Ac Phaëtonta citò deturbans fulminis ictu,
  Aethere de summo præcipitanter agit,
Excipit Eridanus Iuuenis miserabile corpus,
  Qui tandem curru præmia digna tulit.

ALLEGORIA.

Significat Phaëton (quibus haud est æqua potestas
  Publica quiq; gerunt, munera) præpositos.
Illorum sed equi referunt, mihi crede, ministros,
  Prædarum flammas qui vomuisse solent.
Qui per auaritiam, per fraudes, perq́; rapinas
  Corradunt, quicquid possidet orbis opum.
Imperio tali mundus deletur, & omnis
  Patria fumanti protinus igne cadit.
Hinc pereunt syluæ, conualles, flumina, montes,
  Oppida vastantur, flagrat & ipse polus.
Diues inopsq; simul quatitur, sacer atq; profanus,
  Cum pueroq; senex aspera fata subit.
Non est qui valeat tantas vitare ruinas,
  Sic cum rege cohors subdita sæpè perit.

Heliades in arbores, IIII.

Sorores Phaëtontis Heliades, miserabilem fratris sui casum deflentes, Deorum benignitate ac misericordia, in arbores populeas mutatæ, lachrymæ autem earum (vt & Hesiodus & Euripides fabulantur) de ramis effluētes, atque calore Solis induratę, in Electrum conuersæ sunt. Item rex Lyguriæ Cygnus, Phaëtonti propinquitate cōiunctus, ad Pædi ripas, casum amici deflens, in auem sui nominis euasit.

ENARRATIO.

INterea casum Genitrix Phaetontis acerbum
  Deplorans, lachrymas excutit ore graues.
Nec minus Heliades fratrem lugere peremptum
  Turbatæ pergunt, & Phaëtonta vocant:
At cùm sic miseris curas plangoribus augent,
  Edentes querulos nocte dieq; sonos:
Populea quæuis sibi sumpsit ab arbore formam,
  Quælibet & duro cortice cincta stetit.
Mox etiam stillæ fiunt electra profusæ,
  Dum liquor ardenti sole vigescit aquæ.
Exprimit & lachrymas, Ligurum regnator amarus
  Cygnus, cui Phaëthon sanguine iunctus erat.
Atq; sui casus multum deplorat amici,
  Nominis hinc proprij fit noua Cygnus auis.

ALLEGORIA DVPLEX.

Primò virginibus natura notatur auari:
  Hîc equidem iuuenis cor muliebre gerit.
Dum sequitur mollis vanißima gaudia carnis,
  Grandior in ramos arboris acer abit.
Quæ radice sua terris vt figitur altè,
  Sic hæret fragili semper auarus humo.
Post Ligurum tibi rex lachrymis cui flumen obortis
  Ora rigat, iustum signat in orbe virum.
Humanas toto qui luget pectore clades,
  Ac deflet noxam corde dolente suam
In Cygnum uolucrem redit is candore nitentem,
  Fitq; Deo coram spiritualis homo.

Apollo Lucem orbi denegat. V.

PHœbus ob casum Phaëtōtis filii sui magnoperè contristatus, eundémque animo indigno ferens, præbendæ posthac lucis officium mundo denegat. Cæterùm à Ioue, ac reliquis Cœlicolis tandem multis precibus exoratus amétes equos colligit, & verberibus in eos antè grassatur.

ENARRATIO.

Post nati casum genitor Phaëthontis Apollo,
　Squalidus apparet, tristiciamq́; fouet.
Oblitusq́; sui decoris, lucemq́; perosus,
　E celsa mundo denegat arce iubar.
Iratosq́; ciet mæsto sub pectore planctus,
　Supplicio sobolem sic perijsse suam.
Liber ab officio currus cupit esse regendi,
　Alter suscipiat hoc Deus, inquit, onus.
Degustetq́; meos vllo sine fine labores,
　Iuppiter ipse potens experiatur opus.
Omnia sed tristem circumstant lumina Phœbum,
　Vtq́; regat currus supplice voce rogant.
Excusatq́; Poli Rector, quos miserat ignes,
　Colligit ergò suos Sol radiosus equos.
Sed prius in celeres inimico verbere sæuit,
　Pòst orbi nitidos præbet, vt antè, dies.

ALLEGORIA.

Incumbunt, cuius grauiora negotia collo,
　Strenuus hic vigili cuncta labore gerat.
Nec celsum temere regimen cõmittat ineptis,
　A quo dependet publica quippe salus.
Ipse sed assiduis obeat sua munia curis,
　Si bene consultum rebus vbiq́; cupit.
Incutiunt aliena grauem peccata dolorem,
　Cœca quis alterius crimina sæpe luit:
Sic quoq́; mœsticiam Phaëton, luctumq́; parenti
　Attulerat, rapidos dum malè rexit equos.

Iuppiter Calisto comprimit. VI.

Vppiter cùm circa montem Arcadiæ, vbi genitus exiſtimatur, vagaretur, in Caliſtus Lycaonis filiæ amorem incidit: qui cùm precesde expletione deſiderij ſui admouiſſet, fruſtratásque ſuas voces intellexiſſet, aſtu eā ſubijt, in Dianæ nanque ſexum ſe commutauit, eíque fatigatæ, ornatus Pharetra & ſagittis occurrit, tum veſte depoſita virgo Iouem experta eſt.

OVIDII METAM.

ENARRATIO.

Iuppiter Arcadiam cum perlustraret amatam,
 Has circum terras itq; reditq; frequens:
Singula restituit, quæ sunt collapsa per ignem,
 Rimaturq; vagos cæca per antra locos.
Fors Nonacrinam pulchro videt ore puellam,
 Ardenti cuius flagrat amore Deus.
Virgo feris infensa nemus peragrabat opacum,
 Nam Triuiæ longo tempore miles erat.
Hæc vbi fessa, solo pharetram ponebat et arcum,
 Comprimitur falsis à Ioue lusa dolis.
Syluestres habitus is enim cultumq; Dianæ
 Indutus, tacita pectora fraude subit.

ALLEGORIA.

Iuppiter hîc lassam veluti, solamq; sedentem
 Parrhasin (erepta virginitate) capit:
Haud aliter Dæmon versuto callidus astu,
 Insidias nobis nocte dieq; struit.
Cuius vbi captare nequit violenta potestas
 Sublimes animas, vis nec aperta valet:
Fraudibus atq; dolis plenißima retia tendit,
 Protinus in vultus mutat & ora nouos.
Lucis & in Genium se se transformat amœnum,
 Defessos ludens iam pietate viros:
Dum carpit placidam viridi tellure quietem
 Frigidus, & cœli regna perosus homo,
Auolitat Sathanas, & segnia corda malignus
 Occupat, hinc scelerum magna caterua venit.

Calisto in Vrsam mutatur. VII.

Cvm Iuppiter Calistoinuitam, & præter omnem eius voluntatem ac meritum vitiasset, à Iunone immerenti delictum hoc minimè remittebatur. Nam cùm inter lauandũ ferre vterum ipsam animaduerteret, confesti pellicatu eius incensa est, ac ne amplius pulchritudine coniugem suum caperet, in Vrsam Calisto, post sobolem procreatam, Saturnia transfigurauit.

ENARRATIO.

Fraude Iouis virgo cùm Nonacrina pudorem
 Perdiderat, fœtum concipit illa grauem:
Criminis ast huius Saturnia præscia, lucos
 Ingreditur solito conglomerata choro.
Parrhasin ad se se vocat, & fluuialibus vndis
 Languida cum sociis membra lauare cupit.
Haud mora, diua cohors ponunt velamina ripis,
 At longas nectit Parrhasis usq; moras.
Surripitur vestis dubitanti: protinus ipsam
 Turgidus in gelidis prodidit aluus aquis.
Ad quam sic Iuno: sacros ne pollue fontes
 Perdita, cede procul cede nefanda procul.
Et minitatur ei post partus tempora, pœnam,
 Pollicitis etiam stat Dea ritè suis.
Nam simul ac infans tener est exclusus ab aluo,
 Syluestres fit amans (Parrhasis) vrsa locos.

ALLEGORIA.

Per delicta, vagans homo sic vbi factus adulter,
 Desciscit petulans à genitore Deo.
Virginis ex habitu syluestris bellua prodit,
 Illius & species, quæ fuit antè, perit.
Induit horrendos immani corpore mores,
 Vngues & curuos asper vt vrsus habet.
Ac fouet insido peruersos pectore motus,
 Vox & in hirsuta pelle tremenda sonat.
Quæ nihil eructat, nisi turpia gutture dicta,
 Bestia sic turpis, fit sceleratus homo.

Calisto & Arcas facta sydera. VIII.

Calisto cùm Arcade filio suo, quem è Iouis concubitu fuit enixa, in cælum à Ioue translata inter astra ambo collocátur, quæ à Græcis Helices, ac Cynosuræ nomen accepêre. A Thety autem & Oceano, ob iram Iunonis, inter cætera sydera hæc liquore nõ tinguntur. Hinc Ouidius alibi: Magna minórq; feræ, quarum regit altera Graias, Altera Sidonias, vtraque sicca rates.

ENARRATIO.

Parrhasis immanem sylvis induta figuram
   Circuit, et mediis se timet ursa lupis.
Cuius progenies Arcas quinquennia complens
   Iam tria, promptus adest, insequiturq́; feras,
Nexilibusq́; plagis saltus cùm diligit aptos,
   Incidit in matris nescius ora puer.
Nonacrina citò fera substitit Arcade viso,
   Fixit & in prolem lumina firma suam:
Sed puer extemplo refugit, metuitq́; feroces
   Vultus, & pharetra promere tela parat:
Iuppiter ergò tonans, audacia cœpta refringit,
   Ambos & nitidi tollit ad astra poli.
Ascendunt ambo, vicinaq́; sydera fiunt,
   Pectora sed Iuno plena dolore gerit,
Oceano mandans abigatur ut æquore pellex,
   Squalida ne puro flumine membra riget.
Inde fit ut nunquam mergantur ad ima Triones,
   Astra sed in summo stent bene fixa globo.

ALLEGORIA.

Mortales notat hîc Iuno livore repletos,
   Qui non alterius commoda ferre queunt.
Sic capit ex hominum Sathanas mera gaudia damnis,
   Prospera sed si quem sors iuvat, usq́; dolet.
Ringitur atq́; malum pascit sub corde venenum,
   Iuppiter econtrà fert simulacra Dei.
Qui clades removet, pressos miseratur, eosdem
   Pulvere terreno mitis ad astra levat.

Erichtonius cista includitur. IX.

Minerua Erichtonium Vulcani filium, ex eo, quòd è complexu ipsius in terram ceciderat, natum, sustulit, & comitibus suis Pandroso, Hersæ, Aglauróque Cecropis filiabus, cistella viminea inclusum, custodiendum tradidit, seuerè præcipiens, ne quis quod intus esset, inspiceret: Cæterùm à custodibus cistula laxata, & infans, partim homo, partim serpens, conspectus est.

OVIDII METAM.

ENARRATIO.

Vulcani quondam genitali semine prolem
  Pallas Erichtonium casta leuauit humo.
Quem tacite clausit texta de vimine cista,
  (Creta quidem soboles hæc sine matre fuit)
Seruandumq; dedit puerum de Cecrope natis,
  Quas cistæ curam iussit habere DEA.
Intus at omnino non est confessa, quid esset,
  Virginibusq; vetat vas aperire tribus.
Pandrosos absq; dolo, commissa tuetur, & Herse,
  Iussa sed Aglauros non violare nequit.
Dissoluit nodos cistæ, timidasq; sorores
  Aduocat, hic monstri viscera parua vident.
Humani supra vultus, fœdiq; Draconis
  Inferius, clauso vase figura latet.

ALLEGORIA.

Fabula demonstrat præsens, arcana recludi
  Sæpius, & firmam non retinere fidem:
Semper enim vetitos homines labuntur in actus,
  Quilibet & pronus, quod prohibetur, agit.
Propterea secreta caue committere cuiuis,
  Rara fides nostro tempore, rarus amor.
Fallaci perdiscat homo diffidere mundo,
  Est quod præcipuum iam sapientis opus.
Fæmineo generi nemo concredere quicquam
  Audeat, inconstans, & leue pectus habet.
Omnia nosse cupit mulier, secreta reuelat,
  Et nisi quod nescit, nil retinere potest.

Coronis in cornicem mutatur. X.

POstquam Coronis, Regis Coronei filia, Cecropidarum in aparienda cista, diuulgaret audaciam, eámque ad Palladem referret, protinus à Mineruæ comitatu fuit repulsa. Cùm igitur, in solitudinem se conferens, oblectaretur littore, Neptunus procul ea cóspecta, amore virginis incaluit: cui cùm vim afferre conaretur, ab eadé Dea, propter virginitatem retinendam, in auiculam Cornicem est transmutata.

OVIDII METAM.

ENARRATIO.

Cecropis vt natæ vetitam soluêre tabernam,
   Fertur Erichtonius qua latuisse puer,
Illarum facinus mox Larissæa Coronis
   Palladis ad castæ numina magna refert,
Dumq́; sibi sperat regalia præmia, dignas
   Multiloqua pœnas garrulitate capit.
Nam citò tutela secluditur illa Mineruæ,
   Vndarum deinceps littora curua petit.
Quàm pelagi Deus inspiciens accenditur igne,
   Et blando varias implicat ore preces.
Hæc fugit, is sequitur, fugientem passibus æquis
   Neptunus premit: ast inuocat ipsa Deos.
Præstitit auxilium cui Pallas ab æthere summo,
   Membraq́; cornicis nigra puella trahit.
Hæc in viuacem pariter conserua volucrem,
   Aëra iam cantu garrula mulcet auis.

ALLEGORIA.

Littoris ad siccas quæ sic spaciatur arenas
   Virgo, tibi curis pectus inane notat,
Ac planè donis mentem cœlestibus orbam:
   Hæc solet ad littus se reuocare maris,
Dum nihil omnino quàm vana negocia mundi,
   Et mala peruersæ gaudia carnis, amat.
Hos crebrò Sathanas homines infestat & angit,
   Hos, & in exitium præcipitanter agit.
Ni Deus illorum votis permotus, egenti
   Præsidium solita pro bonitate ferat.

Coronis ab Appolline transfigitur. XI.

Coruus volucris initio naturæ, candidis pénis plumatus fuit, is Coronidé Phlegiæ filiam (seu vt alij volūt, Leucippi) indicauit Appollini, cùm Elati filio, cui nomen Ischys erat, concubuisse, vnde flagrantis Dei sagittis puella confixa est. Phoebus autē cùm facti eum pœniteret, coruo garrulitatis ergò nigrum colorem indidit. Ex hac & Apolline natus est Aesculapius, quem pater exciso vtero matris ad Chironem in Pelion montem detulit, vt ab eo incrementum, simúlque scientiam medendi addisceret.

ENARRATIO.

Non fuit Œmoniæ virgo præstantior ampla,
 Quam dilecta tibi Phœbe Coronis erat.
Hæc fertur castum leuiter soluisse pudorem,
 Et vetitos thalami commaculasse toros.
Sensit concubitus Phœbeius ales iniquos,
 Ad dominumq́; refert crimina fœda suum.
Æmonio Iuueni vidisse Coronida narrat
 Commixtam: rabido Cynthius igne calet.
Illius & tumida mens excandescit ab ira,
 Hinc Deus assueto spicula more rapit.
Intenditq́; minax sinuatum cornibus arcum,
 Imponens celeri tela cruenta manu.
Traijcit & ferro iuuenilia corda puellæ,
 Quæ gemitus alto vulnere tacta dabat.
Post obitum calidæ Phœbum citò pœnitet iræ,
 Qui subitò grauidam sic perijsse dolet.
Ex vtero natum rapit, & Chironis in antrum
 Defert, vt medica crescat in arte puer.
At Coruum, retulit quia tristia nuncia, nigras
 (Antea candentem) collocat inter aues.

ALLEGORIA.

Sic soluit pœnas culpæ formosa Coronis,
 Nam vindicta Dei crimina quæq́; premit.
Tu quoq́; Corue loquax pro munere, debita iustè
 Præmia verbosæ garrulitatis habes.
Nam nocet effrenis, quam vincula nulla cohercent
 Lingua, per & iugulum vox mala sæpe redit.

Ocyrhoe Chironis filia in equam. XII.

Ocyrhoe Chironis filia, contemptis patris sui artibus, futura præcinit, infantique Aesculapio prædixit, quòd medicina mortuos ad superos educturus esset, & ab auo fulminis ictum experturus: Patrem quoque sagittis, cruciandum, cupidúmque mortis ex Deo mortalem futurum, prænunciauit. Quæ vaticinia, cùm esset elocuta, in equi cessit figuram, ne aduersantibꝰ fatis, plura ederet, quá prædicta Apollinis largirentur.

OVIDII METAM.

ENARRATIO.

Ocyrhoe quondā Chironis filia vatis
    Munere perfungens, multa futura canit:
Cumq; semel rapidos cœpisset mente furores,
    Fatidico tales protulit ore sonos:
Cresce puer, dixit, Phœbi clarißima proles,
    Gaudia defunctis lucis amœna feres.
Extinctis (per te Medicum) sua vita redibit,
    Te tamen & sæuo fulmine tanget auus.
Post ad Chironem loquitur conuersa parentem,
    Tristia te (Genitor) fata perinde manent:
Sanguine serpentum tinctis cruciabere telis,
    Inuadetq; grauis saucia membra dolor.
Teq; Deus cum sis mortalem numina reddent,
    Vt poßint triplices fila secare Deæ.
Hæc virgo lachrymis suspirans fatur obortis,
    Et mutat subito corporis ora sui.
Vox prior et facies cessant, animalis imago
    Nascitur, & rigidæ membra creantur equæ.

ALLEGORIA.

Fabula diuitiis hæc fortunaq; potentes,
    Et multa tumidos ambitione, notat.
Exoptata quibus vitæ conceditur ætas,
    Et quibus ad nutum prospera cuncta fluunt,
Hi planè casus nequeunt audire futuros,
    Si quis eis mortem suppliciumq; canat.
Præ foribusq; malis pœnas, iramq; Tonantis
    Nunciet: hic vates præmia dira refert.

Battus in saxum. XIII.

MErcurius Apollini, boues Admeti Pheritis filij, pascenti, in Pyliæ agris auertit, & in sylua occuluit: Batto autē hoc vidēti vaccā, ne furtū indicaret, dono dedit, quam ille accipiens, proximum lapidem citius, quā se aliquid ea de re locuturum affirmauit. Statim igitur Mercurius mutata figura reuersus, se amissos boues quærere simulat, ac Batto duplex præmium promittit, qui cùm ei montē, vbi pascerentur, mox ostendisset, propter perfidiam in saxum transmutatus est.

ENARRATIO.

Pastor erat quondam citharæ pulsator Apollo,
  Qui sibi dum cantu tædia mœsta leuat,
Custodita parum Pylios armenta per agros
  Errant Arcadiæ cuncta vidente Deo.
Impiger ille boues syluis occultat abactos,
  Hæc sensit furti crimina rure senex.
Cui Maia Genitus, nitidam pro munere vaccam
  Donat, vt hæc aliquo furta rogante, neget.
Battus ait, prius hoc saxum commissa loquetur,
  (Ostendens lapidem) tu modò tutus abi.
Discessum simulat Deus, at cum voce figuram
  Commutans, subitò rura per illa redit.
Amissósq; boues quærens, affatur eundem:
  Viderit errantes is-ne per arua greges.
Illi cùm tauro dabitur mox fœmina iuncto,
  (Natus ait Maia) qui mihi præstat opem.
Protinus erupit Senior, sub montibus istis,
  (Inquit) erat primum copia magna boum.
Odit Athlantiades hominis mutabile pectus,
  Vertit & in saxum squalida membra Senis.

ALLEGORIA.

Hic tibi causidicum Battus designat auarum,
  Qui solet intenta semper adesse manu.
Suscipit alterius mercede negotia captus
  Expedienda: fidem sed negat inde suam.
Huic etenim quando duplicantur munera, partes
  Oppositas (lucri cœcus amore) fouet.

Mercurius Herſes amore capitur. XIIII.

AThenis virgines per ſolenne ſacrificium caniſtris Mineruæ ferebant pigmenta: Inter quas à Mercurio conſpecta eſt Herſe, Cecropis filia. Quamobrem aggreſſus ſororé eius Aglauron, Frecatus eſt eam, vt ſe Herſæ, ſorori ſuæ, coniungeret. Quæ cùm ab eo pro miniſterio aurum popoſciſſet: Pallas grauiter ei offenſa eſt, cùm ob ciſtulam, quam aperuit, tùm ob auaritiæ flagitium, quod auro tam turpiter inhiaret.

ENARRATIO.

Mercurius quondam castas de more puellas
　Viderat armigeræ sacrificare Deæ:
Has vafer attendens, festas circumuolat arces,
　Palladis & curuo tramite flectit iter.
Virginibus fuerat reliquis insignior Herse,
　Arcadio iuueni quæ veneranda placet.
Pars domus interior luxu decorata superbo,
　Egregiè thalamis stat fabricata tribus.
Androsos, Aglauros, Herse, tres quippe sorores
　Tecta colunt: proprio quælibet apta toro.
Prima sed Aglauros vestigia seruat euntis,
　Cernit & ignoti numen adesse Dei:
Aduentus igitur causam nomenq́; requirit
　Illius, huic subitò penniger ales ait:
Herse connubio soror vt iungatur amanti,
　Nunc adsum cœli lapsus ab axe, mihi:
Tu faueas cœptis ac mitem redde sororem:
　Protinus hæc auri pondera magna petit.
Dumq́; ferat, subitò tectis expellitur Hermes,
　Arsit eam contra Palladis ira Deæ:
Voluit adhuc cistam commota mente reclusam,
　Post & auaritiæ crimen adauget onus.

ALLEGORIA.

Sic hominum noxæ tandem reteguntur ad auras,
　Quod latet interdum suscitat vna dies:
Supplicium multos differtur sæpe per annos,
　Sed certo grauior tempore pœna venit.

Descriptio Liuoris & Inuidiæ. XV.

A Glauros, vna ex Cecropi filiabus, cùm ob arcanorum reuelationem, tum ob auaritiam, inuidia & liuore, correpta fuit: Antequam verò singulas rei circumstantias acuratè describat Poëta, inuidiæ προσωπογραφίαν domúsque eius luculentam designationé, vnà cùm proprietatibus huius sceleris, præmittit, vt ex sequentibus patet versiculis.

ENARRATIO.

Est domus obscuri cæcis in vallibus antri,
   Quæ nunquam ventis peruia sole caret.
Tristis & immenso quæ frigore semper abundat,
   Quam caligo frequens, nox & amara, premit.
Vipereas intus carnes discerpere dicunt
   Inuidiam, fauces & saturare suas:
Exagitat macies hoc formidabile monstrum,
   Liuor edit corpus, pallor in ore sedet.
Igne micant oculi rapido, lethale venenum
   Corpus habet, nigro pectora felle tument.
Risus abest omnis nec carpit iniqua soporem,
   Sed versat curas nocte dieq; graues.
Successus hominum dolet, ac tabescit eorum
   Fortunis, odio dum furibunda scatet.
Huic Dea Pallas ait: fluida cito tabe sororem
   Herses inficias, virus & acre vomas.
Protinus Aglauros tetro suffusa veneno
   Turget, & inuidiæ viscera pestis init.

INTERPRETATIO MORALIS.

Cernitur hic expressa tibi liuoris imago,
   Inuidus hæc omnis, signa notasq; gerit.
Est niger & siccus macer est & pallidus ore,
   Speluncis habitat, lumine solis eget.
Nempe per inuidiam malus excæcatur inertem,
   Plena venenati pectora fellis habens.
Insomnis noctu longas vigilare per horas,
   Et pectus Diris excruciare solet.

Aglauros in lapidem. XVI.

CVm Pallas iam Aglauro, Cecropis filiæ stimulos inuidiæ addidisset, ea quidem diu multúmque, ob felicitatem sororis, liuore cruciabatur, & Mercurio magnopere repugnabat, ne amata Herse potiretur. Tandem cùm de suo proposito Aglauros non desisteret & ingressum Mercurio (limine ante fores insidens) prohiberet, ab ipso in lapidem conuersa est.

ENARRATIO.

Cecropidem liuor tacitè mordebat amarus,
   Anxia nam læta sorte sororis erat.
Mercuriíq; toris offendebatur honestis,
   Exoptans potius fata subire necis.
Quàm sic diuinis cumulatam cernere donis
   Germanam: penetrat tabida corda dolor.
Arcadiusq; fores cùm iam properaret ad ipsas,
   Aglauros nitido limine mœsta sedet.
Occludens ædes pariter, conatur amantem
   Pellere: sed reserat ferrea claustra Deus.
Virgo stupet subitò, postesq; relinquere tentat,
   Ast ignaua loco membra mouere nequit:
Nam iunctura riget genuum, gelidusq; per ossa
   Horror it, et tepidus corpore sanguis abest.
Vitalisq; calor languentes deserit artus,
   Ac tantum silicis signa relicta manent.

ALLEGORIA.

Sic peccata grauem texunt sine fine catenam,
   Crimen auaritiæ crimina plura fouet.
Hinc scelus inuidiæ (scelerum deterrima pestis)
   Nascitur, inde dolus, fraus & iniquus meat.
Post aliud facinus uis & truculentia surgit,
   Ac delictorum longa caterua subit.
Talis at in rigidum mutatur bestia saxum,
   Deniq; dum verè saxea corda gerit.
Quam neq; blandus amor, neq; commiseratio flectit,
   Quæ superat rabidos & feritate lupos.

Iupiter in Taurum. XVII.

MErcurio iuſſu patris in Phœnicia regione armenta ad littus compellente, Iupiter in Taurum conuerſus eſt, qui dum ſe iuuencis Agenoris regis immiſcebat, in amorem ſui ſpaciantes in arena virgines allexit, & cum ſingulis paulatim ludens, tandem Europā Agenoris filiam, inſidentem ſibi tergo, per mare in Cretam Inſulam detulit, ibíque concubitu eius eſt potitus.

ENARRATIO.

Arcadium recipit iuuenem Phœnicia tellus,
  Qui celerè supera desilit arce Iouis:
Regis & armentum vertens ad littora cogit,
  Mos vbi virginibus ludere gratus erat.
Filia non rarò veniebat Agenoris illuc,
  Reficiens Tyrio se comitata choro:
Induit ergo bouis faciem, mugitq; per arua
  Iuppiter, & tenero gramine carpit iter.
Est color huic niueus, mansuetaq; lucet imago,
  Et præbet nullas asperitate minas.
Scilicet hunc Regis miratur filia taurum,
  Ac petulans flores huius ad ora mouet:
Gaudet amans manibus simul oscula figit amatæ,
  Mutua sic animi dans monumenta sui.
Pectora post virgo palpat, post cornua sertis
  Implicat, & tandem tergora dura premit.
Tum Deus abscedit sicco de littore sensim,
  Atq; pedem lento tramite ponit aquis.
Pergit & vlterius, prædamq; reportat auaram,
  (Impositam dorso) per vada salsa maris.

ALLEGORIA.

Fabula lasciuas tibi denotat ista puellas,
  Agmina quæ iuuenum visere vana solent.
Tunc horum blando sensim capiuntur amore,
  Linquentes patrias, limina tuta, domos.
Ac tacitè scelerum portantur ad æquora nullus
  (Suauior elusis) exitus inde patet.

OVIDII METAM.
LIB. III.
Anguis Cadmi socios interficit. I.

Cadmus Agenoris regis Phœniciæ filius, à Patre ablegatus, Europá Sororé fraude Iouis surreptá, in ōnibus terræ partibus quæsiuit: at eá cū nuspiá inueniret, ab Apolline admonitus, Bœotiá cōdere (nã in patris prodire conspectũ verebatur) in animo habet: Ioui autē prius sacrificaturus, socios è vicino Martis fōte, ad haurièdá aquá dimittit qui ab horrédo quodá Dracone ad locũ istũ interfecti sũt.

ENARRATIO.

Quærit Agenorides surreptam fraude sororem,
  Lustrans innumeros Rege iubente locos.
Qua non inuenta, Dictæa reuiscere rura
  Addubitat, patrias sic timet ille minas:
Obseruans igitur nitidæ vestigia vaccæ,
  Constanter monitis paret Apollo tuis.
Bos et vbi tenera sese submiserat herba,
  Hîc placitum Cadmo figere limen erat.
Quam prius at firmæ noua mœnia poneret vrbis,
  Excelso statuit sacrificare Ioui.
Inde suos haustum lymphas iubet ire ministros
  Fons vbi præcincto vimine fundit aquas:
Virgulto sed enim Coluber celatur agresti,
  Horridus expanso virus ab ore vomens,
Morsibus & Cadmi socios immanibus omnes
  Enecat, inq; viros atra venena iacit.

ALLEGORIA.

Iste Draco veteris gestat simulachra Tyranni,
  Nomina qui tetri vera Draconis habet:
Nam velut hic Cadmi mortem subiere ministri,
  Dum fontis gelidi viua fluenta petunt:
Haud homines aliter crudelibus obijcit vmbris
  Hostis atrox, quoties gaudia vana trahunt.
Quando voluptatis liquidas spaciamur ad vndas,
  Anguis sub viridi gramine sæpe latet:
Vndiq; sic nobis Dæmon sua retia tendit,
  Vt nos in Baratrum perditionis agat.

Serpens à Cadmo interficitur. II.

Cadmus socios suos ad fontem ablegatos per aliquot horas sollicito animo expectans, quærere tandem incipit, ac nemus ingrediens, eminùs horrendum Draconem illorum viscera deglutire videt, ad quem ipse pelle Leonis indutus probéque armatus accedit, & monstrum illud solus, magnis cum laboribus & extremo vitæ periculo, deuincit.

ENARRATIO.

Iam dudum socios expectat Agenore natus,
 Nescius impediat quæ mora tarda viros.
Continuè munit direpta pelle Leoni
 Corpus, & audaces instruit ense manus.
Inq; nemus gradiens monstrum crudele Draconis
 Lambere cæsorum membra cruenta videt:
Mente pauet Cadmus trepida, sociosq; peremptos
 Sic à squamigero turpiter angue dolet.
Sed pietas vires accendit & inclyta virtus
 Vltorem tanti criminis esse iubet.
Sustulit hinc ingens magno conamine saxum,
 Misit & in medium corporis illud onus.
At squamosa tegit serpentem pellis & ictum
 Excipit incolumis, nec leue vulnus habet.
Duritia tamen haud potuit sic vincere ferrum
 Cuspidis heu penetrant spicula sæua cutim:
Spumaq; pestiferis è faucibus alta resultat,
 Sic Draco Cadme tuo robore victus obit.

ALLEGORIA.

Noster Agenorides vero sit nomine Christus,
 Ast anguis Sathanam tu scelerate notas:
Vis hominis nullius erat deuincere monstrum
 Horrificum, Christi muneris illud erat.
In mortale genus Dæmon lethale venenum
 Expuit hinc hominum maxima turba perit:
Vita sed è Christo (tutudit qui colla Draconis)
 Effluit hinc lethi iura seuera silent.

Milites è serpentis nascuntur dentibus. III.

POstquam Cadmus magnum illum Draconem interfecit, dentes ipsius, monitu Mineruæ, humo sparsit, ex quibus armatorū hominum ingens multitudo progenita est, quæ inter sese domestico confligens bello, vniuersa deletur, quinque viris tantùm exceptis, qui deinceps è prælio superstites, Cadmo socii cōdendæ vrbis extiterunt.

OVIDII METAM.

ENARRATIO.

Victor Agenorides dum mortua membra Draconis
  Aspicit, hos patula percipit aure sonos.
Cura sit anguinos (inquit) Tritonia dentes
  Spargere, mortales nam seges ista feret:
Obsequitur Cadmus monitis & vomere curuo
  Horrida diuulsæ semina mandat humo.
Viuida mox (mirum) telluris gleba mouetur,
  E sulcis pariter ferrea spina micat.
Cristatæ surgunt galeæ, telisq́; coruscant
  Corpora sanguineis: stat clypeata cohors.
Immittitq́; grauem Cadmo fera turba timorem,
  Hostes qui contra pronus ad arma ruit.
Vnus at exclamat, ciuilibus ausuge bellis
  Cadme, nec in nostras incide quæso manus:
Extemplóq; noui per vulnera mutua fratres
  Intereunt, bello gens inimica cadit.
Quinque superstitibus, reliquos Mars deuorat omnes,
  Sic intestina cæde caterua perit.

ALLEGORIA.

Militibus quæ sit prima de stirpe propago,
  Quæ feritas animi fabula rite docet.
Dentibus horrendi quia gens est nata Draconis
  Bellica, perpetuo membra cruore lauat.
Ferrea mens plerumq́; viros, qui castra sequuntur
  Occupat, ac cædis pectora nutrit amor.
A Sathana diri seritur discordia belli,
  Descendit summo pax generosa polo.

Actæon in Ceruum. IIII.

Diana, cùm in valle Gargaphiæ æstiuo tépore, assiduo venationis labore defatigata, se ad fontem perlueret, Actæon Aristæi & Autonoes filius, eundem locum petens, ad refrigerandum se & canes, quos exercuerat feras persequendo, in conspectum eiusdé Deæ incidit, qui ne hanc ipsam rem diuulgare possit in Ceruum ab ea conuersus est.

ENARRATIO.

Dum quondam nemorū cultrix comitata puellis
　Pandebat timidis retia lata feris:
Et tandem nimio venatus fessa labore,
　Nuda volubilibus membra lauabat aquis:
Ecce nepos Cadmi nemorosis montibus errans,
　Frendentes canibus nixus agebat apros.
Intrans & liquidis rorantia fontibus antra,
　Cernebat comites pulchra Diana tuas.
Quæ tecum fluidis abstergunt corpora lymphis,
　(Forsitan hanc illi fata tulere viam)
Nudatas subito terret præsentia Nymphas,
　Astantisq́; mouet visio tetra viri:
Spumanti pariter Titania feruet ab ira,
　Et venatori tristia fata struit.
Aspergitq́; comas illius, & vndiq; circum
　Perfundit tenui (percita) rore caput.
Mox celeris tincto surgunt duo cornua Cerui,
　Villosáq; cutis vellera corpus habet.

ALLEGORIA.

Actæon hominem nobis designat inanem,
　Qui bona fortunæ blanda fugacis amat.
Quæ dum venatur, præstantia munera mentis
　Perdit, & in cerui membra redactus abit.
Qui syluis habitat, rabidoq; libidinis æstu
　Sæuit, & incautum sæpè pererrat iter.
Sic quoq; prauus homo, tenebris agitatur opacis,
　Dum ruit in laqueos hostis amare tuos.

Actæon à propriis canibus discerpitur. V.

ACtæon à Diana in ceruum mutatus, syluas hinc inde rationis adhuc compos va-
gabatur, sed voce destitutus humana, suspi-
riis modò dolorem & luctum innuebat, neq;
ad regna patris se recipere ausus erat, neque
in syluis habitandi locum sibi tutū æstimabat.
Dubius igitur cùm esset quid rerum ageret,
eius canes gregatim in Dominum suum, pro
fera habitum, irruentes, cum violentis morsibus discerpsêre

ENARRATIO.

Coepit vt Actæon cerui gestare figuram,
  Cornigeri, sparsus fonte Diana tuo:
Edit ab expanso suspiria stridula rictu,
  Dum negat humanos lingua ligata sonos:
Ingemit, & vultum lachrymis humectat vbortis,
  Regia nam prohibet visere tecta pudor.
In sylius latitare timor: dum mente reuoluit
  Talia frendentes cernit adesse canes.
Qui multis rapidi latratibus æthera complent,
  Et dominum prædæ grandis amore petunt.
Euolat Actæon pauidi sub imagine cerui,
  Auia quem latrans turba, per atra fugant:
Ac tandem capti stringunt in corpora dentes,
  Et lacerant domini membra cruenta sui.

ALLEGORIA.

Sic homo qui mundi saltus perlustrat opacos,
  In formam cerui quadrupedantis abit.
Dum varijs animum noxis inuoluit & auget,
  Dum lasciua salax gaudia carnis alit.
Ambulat & cæcus, quò perniciosa voluptas
  Allicit: hinc pulsat debita pœna fores.
Affectus etenim proprio quos pectore nutrit
  Nequitiosus homo, tristia fata ferunt.
Hunc furor, hunc odij pestis miseranda trucidat,
  Huic parat illicitus funera mortis amor:
Singula quid referam? scelerum sua quosq́; libido
  Dilaniat, rabidûm more furente canum.

LIBER III. 42

Semele in concubitu Iouis occiditur. VI.

IVno suspectam Semelé Cadmi & Hermionis filiam habens, quòd cum Ioue cócubuisset, in anũ conuersa, ipsam aggreditur, póstque varios sermones, tandem ei persuadet, ne posthac alio Iouem apparatu admittat, quàm quo Iunoni apparere soleret. Quod cùm Semele à Ioue impetrasset, instructus tonitribus fulminibúsque ad eam accedit, ædêsque vnà cum puella flammis absumit: Infantem tamẽ Liberum vtero materno exemptum suo femori insuit.

OVIDII METAM.
ENARRATIO.

Cūm Semelen grauidam sentiret regia Iuno,
   De Ioue, terribili mota furore, tumet.
Occultasq́; parat presso sub pectore clades,
   In miserum turpes præmeditata dolos:
Tincta sed vt lateat fucato causa colore,
   Aspera se fulua nube Gabina tegit.
Et faciem ruga deformem crispat anili,
   Pellicis hinc subitò splendida tecta subit.
Vtq́; terunt longas ambæ sermonibus horas,
   Postremò meminit callida Diua Iouis.
Fallaciq́; mouet stultam ratione puellam,
   Vno ne coeant ipsa Deusq́; thoro:
Ni tantus talisq́; domus accedat amator,
   Qualis ad vxoris dulce cubile venit.
Continuò Semele petit hoc pro munere donum
   A Ioue, sed voto fœmina læsa perit:
Nam Deus vt sæuo communit fulmine dextram,
   Igne domus rapido protinus alta cadit.
Fœtus at insuitur (raptus genitricis ab aluo)
   Perfectum femori tempus adusq́; Iouis.

ALLEGORIA.

Fabula demonstrat, quam sæpe libidinis æstus
   Absumat multis corpus, & ossa voret.
Cæcus amor primo mira dulcedine pectus
   Illinit, vt suauis decipit esca gulam:
Pocula sed tandem Dæmon austera propinat,
   Ignis & horrendi fulmina miscet atrox.

Narcissus in florem. VII.

LIriope Nympha, ex amne Cesipho procreabat Narcissum, insigni forma iuuené qui cùm Echo, aliásque multas contépsisset puellas, Nemesis vltrix fastidientium, ei amoré sui φιλαυτίαν dictum inspirauit, vt suijpsi flamma exureretur. Proinde cùm ex nimia aliquando venatione fatigatus, aquam è fonte hauriret, imaginem sui conspexit, & præ ardenti erga seipsum amore extabescens, vita priuatus est, & in florem sui nominis euasit.

ENARRATIO.

Protulit æthereas Narcissum mater ad auras,
　Cærula Liriope, flumine mixta viro.
Pulcher erat iuuenis, nec eo speciosior alter,
　Quem sibi poscebat sæpe puella dari:
Huius amore perit sylua resonabilis Echo,
　Hinc hodie tantum voxq́; sonusq́; manet.
Ast omnes quoniam spernit Narcissus amantes,
　Protinus immenso flagrat amore sui.
Nanq́; diu trepidos agitans in retia ceruos
　Languet, & ad fontis flumina pura sedet:
Pellere dumq́; sitim cupit, & procumbit ad vndas,
　Illius in liquidis forma relucet aquis.
Egregij vultus igitur correptus amore,
　Splendida miratur corporis ora puer.
Ardet & intuitu, nutritq́; cupidinis ignem,
　Irrita dum Lymphis oscula figit amans.
Lumina sed tandem mors tabescentia claudit,
　Nunc speciem crocei corpora floris habent.

ALLEGORIA.

Est hominis puer hîc Narcissus imago superbi,
　Qui fastu nimio turgida corda gerit.
Ac præ se reliquos naso suspendit adunco,
　Blanditurq́; (nouo captus amore) sibi:
Sed propriè talem perdit dilectio formæ,
　Huius & in florem corpus inane redit.
Ambitiosus honos, inflataq́; gloria mundi
　Interit, vt viridi quæ rosa floret agro.

Bacchi sacra seu Triumphus. VIII.

Pentheus Echionis & Agaues filius, Tiresiæ vaticinium aspernatus, cùm in aduentu Liberi patris Thebani hedera redimiti obuiam ei procederent, suos ire prohibet, & illud spectaculum omnino pro nihilo ducit, negans ex Semele Bacchum Deum esse procreatum. Illicò etiam famulis suis imperat, vt Liberum ad se uinctum attrahant, eidéque mortis discrimen intentat.

G iiij

ENARRATIO.

Sacra dies aderat, qualem prædixerat antè
 Tiresias vates, fœmina virq́; simul:
Prima Corymbiferi celebrantur festa Lyæi,
 Hinc turbæ fremitus sydera celsa petit.
Cincta satellitibus proles Semeleia Bacchus
 Cernitur, is magno cultus honore venit.
Tempora Pampineus passim circundatus vuis,
 Viuaces hederas crine nitente gerit:
Velatamq́; manu pinum quatit inde racemis,
 Non absunt dulci pocula plena vino.
Ad sacra concurrit titubanti poplite cœtus,
 Undiq́; cùm strepitu plebs furiosa ruit.
Rex vero Pentheus spectacula vana perosus,
 Mox sibi subiectos approperare, vetat.
Bacchica bis geniti prohibet lustrare Lyæi
 Festa: Deo pariter tristia fata struit.
Namq́; ducem subitò famulis afferre potentem
 Præcipit, & vinclis membra ligare iubet.

ALLEGORIA.

Bacchus adhuc hodie magno celebratur honore,
 (Gentiles vini quem statuere Deum.)
Illius in mundo pars pleraq́; sacra frequentat,
 Et colit hunc læto pectore vana cohors.
Dedita dum ventri calices exhaurit opimos,
 Et sic immodico pondere corda grauat.
Concitat ebrietas insanos mente furores,
 Bestia nanq́; nocens est temulentus homo.

Tyrrheni nautæ in Delphinos. IX.

LIber aliquando Naxum insulam petens, in Tyrrhenos incidit, à quibus propter eximiam formæ pulchritudinem captus, pro præda nauigio impositus est. Qui vt vidit se non in Naxon, ad quam vehi pactionis ratione cupiebat: sed in aliã duci regioné, armamenta nauis in feras ac serpentes conuertit, quo prodigio Tyrrheni statim exterriti in pelagus se præcipites dedere, ac in Delphinos mutati sunt.

ENARRATIO.

Formosa Liber specie Semeleia proles
   Instructa quondam naue receptus erat.
Vitigenaq́; volens transire ad littora Naxi,
   Numinis occultat robora magna sui.
Postmodò cùm verrunt sudantes æquora nautæ,
   Protulit efficto talia verba sono:
Quid facitis? pupim cui vos appellitis oræ?
   Ad Naxon vobis est referenda ratis:
Nil aliud Proreus spondet per numina iurans,
   Sed cito diuersum tranat iniquus iter:
Tum Deus illudens fraudem, simulabat amaras
   Fundere se lachrymas mœstaq́; dicta dabat:
Quid me decipitis, naues quò ducitis? inquit,
   Non sunt hæc Naxi littora tuta meæ.
Ista loquente Deo, sub flumine cymba quiescit,
   Firmiter inq́; sua ceu statione manet.
Mox etiam surgunt turpissima monstra ferarum,
   Quæ nautis pauido corda timore replent.
Hinc se præcipitant omnes in gurgitis vndas,
   Et Delphinorum membra timenda gerunt.

ALLEGORIA.

Nil humana valet fraus, nil astutia prorsus,
   Contra (quem fugiunt nulla piacla) Deum.
Si quis eum fallat, mergetur in æquore tandem,
   Et sua tartareis corpora tinget aquis:
Vt cùm Dæmonibus per secula cuncta resultet,
   Nec ludat posthac numina celsa Dei.

Pentheus à Bacchis discerpitur. X.

CVm rex Pentheus Bacchum denuò custodia clauderet, fores sua sponte patefactæ, & vincula manibus eius defluxerũt: Tũ Rex in monté Cithærona ad sacra se recepit, ibíque Agauen matrem (quæ propter ipsius furorem animum à filio gerebat alienum, vnà cum sororibus adiuuantibus Ino & Autonoe) incitauit, ut eum sacra proterentem sua manu interimerent, cruentísque laceraret morsibus.

ENARRATIO.

Pergit Echionides contemnere festa Lyæi,
  Intentans ipsi funera mœsta Duci:
Nam Bacchum forma famuli, cui nomen Acætes,
  Captum tormentis excruciare iubet.
Hic autem vinclis euadit sponte solutis,
  Protinus & manibus dura catena fluit.
Exurgens igitur Pentheus, inuisere sacra
  Ipse cupit, tantos turba ciere sonos:
Montis in excelso ferit aurea sidera clamor
  Culmine: Rex illic festa parata videt.
Conspicit hunc mater Bacchi furibunda sacerdos,
  Quæ mox in gnati viscera prima ruit:
Vos etiam geminæ (conclamat) adeste sorores,
  Frendens hic nobis est feriendus aper:
Haud mora, turba coit, dentes in Penthea figens,
  Et lacerant miserum corpus adusq; necem.
Saucius exorat dignentur parcere membris,
  Vulnere sed rabido dilaniatus, obit.

ALLEGORIA.

Ceu Rex à propriis, cum matre, sororibus, iste
  Discerptus, lethi sæua pericla tulit:
Sic hodie mundi cæcos quicunq; furores
  Despiciunt, eadem pœna manere solet.
Vana voluptatis furibundaq; gaudia vulgi
  Qui spernit, tutum non habet ille locum.
Aduersantur ei soror, & cum fratre parentes,
  Impius at cultus quem iuuat omnis amat.

FINIS LIB. III.

OVIDII METAM.
LIB. IIII.
Pyramus & Thysbe.   I.

Pyramus & Thysbe, tam forma quàm ætate pares, cū contiguis habitarent ædibus per rimam parietis sæpe colloquentes, amoris fundamenta iecerunt. Tandé etiam inter se pacti sunt, vt matutino tempore ad monumentum Nini Regis, sub arbore Moro conuenirent. Cùm autem celerius Thysbe ad destinatum se reciperet locum, conspectu Leænæ exterrita, abiecto amictu in sylvam refugit: At fera à recenti præda ad fontem vicinū decurrés, vesté virginis relictam ore cruento lacerauit.

ENARRATIO.

Pyramus & Thysbe duo formosissima quondam
  Corpora contiguos incoluere lares.
Fixerat ex æquo flammata Cupidinis arcus
  Pectora, parq; breui tempore creuit amor.
Inter eos tedæ quoq; iura sacrata coissent,
  Legitimos patres at vetuere thoros.
Hinc magis atq; magis flagrans exæstuat ignis,
  Amborum nutu dant monumenta suo.
Vocis iter paries præbet diffissus vtrinq;
  Pyramus hac, illac stare puella solet.
Inde notant tempus, quo linquere tecta parentum,
  Custodesq; domus fallere (nocte) velint.
Pacta placent, abeunte die, prior inclyta Thysbe,
  Arboris ad tumulum (quem statuere) venit.
Dum sedet ad fontem, trux aduolat ecce leæna,
  Cæde noua, siccam depositura sitim.
Mox fugit, hac visa linquens velamina virgo,
  Antraq; syluarum tristis opaca subit:
Interea vestem lea diripit ore cruento,
  Hinc oritur miseræ causa dolenda necis.

ALLEGORIA.

Hæc illegitimo merces debetur amori,
  Vincula coniugij sunt retinenda pij:
Quæ natis quoties cupiunt prohibere parentes,
  In mala tum soboles deteriora ruit.
Principio thalamos Deus ipse sacrauit honestos,
  Hostis at est Sathanas ordinis huius atrox.

Pyrami & Thysbes interitus. II.

POst Thysbes abitum, Pyramus ad locum destinatum aliquanto serius veniens, amictum sanguine conspersum reperit. Existimans igitur eam à fera deuoratam, sibimetipsi suo gladio mortem consciscit. Deinde Thysbe deposito metu, ad eundem reuersa locum, cū videret se causam necis adolescenti præbuisse ne diutius in mœrore sola existeret, eodē ferro se transfixit, quorum cruore morus arbor aspersa albos suos fructus in sanguineū colorem conuertit.

OVIDII METAM.
ENARRATIO.

Dum virgo nemorum cæco se condit in antro,
    Pyramus ad fontem serius inde venit:
Puluere qui cernens vestigia fixa Leænæ,
    Pallet, & attoniti signa pauoris habet.
Deinde videns Thysbes velamina tincta cruore
    Vnica nox, inquit, sumus vtrisq; feret.
Ipse nocens fateor, tete miseranda peremi,
    Et querulo plures edit ab ore sonos:
Transfodit exuto tandem sua viscera ferro,
    Ac lethi propria fert sibi damna manu.
Anxia dehinc virgo rediens, inquirit amantem,
    Vt narret Pyramo cuncta pericla suo.
Ad fontem iuuenis sed vbi deforme cadauer,
    Et pulsare solum membra cruenta, videt.
Mœsta gemens alto ducit suspiria corde,
    Non ego, tristis ait, sola superstes ero:
Sed tecum viuens, tecum quoq; fata subibo,
    Haud sine te posthac lux mihi læta datur.
Dixit, & ambrosios manibus lacerata capillos,
    Sanguineo pectus perforat ense suum.

ALEGORIA.

Depingit Sathanam, qui more Leonis oberrat,
    Expandens rictus ista Leæna tibi.
Nam rabida quos fauce voret, perquirit vbiq;
    Dirus, & incautos fraude latente capit:
Quosq; semel strinxit latro crudelis, ad Orcum
    Deijcit, æternæ mortis vt ense cadant.

Veneris

Veneris cum Marte adulterium. III.

SOl postquam Martem olim cum Venere coëuntem cerneret, ad Vulcanum eius maritum hoc facinus detulit, qui supra modum indignatus, catenis tenuissimis, instar retium, cubile circumdedit, quibus Martem cum Venere rem habentem sic implicauit, vt alter ab altera diuelli nullo modo posset. Patefacto deinde cubiculo, ambos omnium Deorũ oculis spectandos subiecit, & eorum malitiam apertè hoc pacto retexuit.

OVIDII METAM.

ENARRATIO.

Concubitū Titan Veneris cū Marte prehēdens,
　Vulcano retegit furta nefanda tori.
Ignipotens igitur graciles ex ære catenas,
　Lumina quod possit fallere limat opus.
Ingressusq; cito thalamos circundata lecto,
　Ferrea fallaci retia fraude locat.
Vt scandêre torum Mars & Cytherëa paratum,
　In laqueos subito corpora bina cadunt.
Amplexú suo strictis dum retibus hærent,
　Implicitos superos conuocat ille Deos.
Spectatum veniunt omnes, vinclisq; iacere
　Turpiter intortis membra ligata vident.
Irrisere Dei vetitos Mauortis amores,
　Et fuit in toto fabula nota polo.

ALLEGORIA.

Hic superi possunt tibi designare potentes,
　Quos impunè licet quodq; patrare scelus.
In delicta ruunt prono crassissima cursu,
　Digna sed hos factis pœna nec vlla manet:
Plectitur ast tenuis quoties transcendere leges
　Inscius, aut quauis conditione solet.
Et velut in tela quam texit aranea tygno,
　Dependens supero paruula musca manet:
Grandior ast penetrat casses & tuta recedit,
　Sic humiles legum vincula stricta tenent.
Euadit foribus laxis hinc turba potentum,
　Coruus abit, pœnas blanda columba luit.

Leucothea in virgam thuream. IIII.

VEnus propter adulterium suum, à Sole diuulgatum, ei Leucothoes, filiæ Orchami Achemeniæ principis & Eurynomes amore immisit, qui vt commodius ea potiretur, se in matris Eurynomes formam trasmutauit. Cùm verò pater Orchamus eam vitiatam esse, indicio Clitiæ Solis amicæ cognouisset, filiam sub terrâ defodit, quæ deinceps misericordia Phœbi, in virgam seu arborem thuris est conuersa.

OVIDII METAM.
ENARRATIO.

Dulcia Solis equi volucres dum pabula carpunt,
   Et noctu reparant membra quiete sua.
Leucothoes intrat thalamos Hyperione natus,
   Eurinome referens ora manusq; tuas:
Vt nocturna videt ducentes pensa puellas,
   Gnatæ (ceu genitrix) oscula blanda dedit.
Pòst ait hinc famulæ discedite quæso parumper,
   Est de secretis nata monenda mihi.
Paruerant, Titan se mox manifestat, & inquit,
   Candida præ reliquis, tu mihi virgo places:
Fallaciúsq; cito deponit imaginis vmbram,
   Et fruitur vetito dulcis amore tori.
Diuulgat Clytiæ stuprum retegitq; parenti,
   Gnatam telluri defodit ipse ferox:
Leucothoës casum Titan miseratus acerbum,
   Præstitit vt flueret corpore thuris odor.

ALLEGORIA.

Effigiem gestat sæui Pater ille tyranni,
   In iustos nimia qui feritate furit.
Mortis & ad rigidæ crudelia funera raptat
   Hos, qui supplicium non meruere necis.
Sicut adhuc hodie tales reperire licebit,
   Qui tormenta pijs exitiosa parant.
Sed coram mundo quamuis videatur obire
   Integer, ante tamen viuit is ora Dei.
Mors cuius de se diuinum spargit odorem,
   Et benè virga velut florida thuris olet.

Salmacis & Hermaphroditus in vnum corpus. V.

Hermaphroditus Mercurii & Veneris filius, à Naiadibus Nymphis in mõte Ide educatus, relictis earum sedibus, ad fontem Salmacis & Nymphæ peruenit, eúmque tandem ingressus, statim complexibus Naiadis colligatus, nec antè ab ea dimissus est, quàm à Diis impetrasset, vt in vnam eandémque speciem ambo mutarentur, ita duobus coniunctis corporibus, Hermaphroditus tam masculinũ quàm fœmininum sexum est adeptus.

ENARRATIO.

Mercurij puerum, Diua de Cypride natum,
  Educat Idæo Naias alma specu.
Is verò postquam tria lustra peregit in antro,
  Deseruit propriæ limina prisca domus.
Et Licij dubias stagni peruenit ad oras,
  Quod viuus circùm cespes vbiq; dabat.
Hunc vbi Nympha videt lucentis alumna paludis,
  Ipsius illicito gestit amore frui.
Ad me blandè veni, thalamos ineamus eosdem
  Protinus effatur: sed fugit inde puer.
Auolat ambiguus nunc huc, nunc voluitur illuc,
  Cærula sed denso vimine Nympha latet.
Expectans tenerum, qui postquam prodit & vnda
  Vestibus abiectis mollia membra lauat:
Insilit extemplo nudumq; prehendit & arctè
  Stringit, & amplexu colla caputq; premit.
Iam meus es dicens, meus & sine fine manebis,
  Hinc vnam speciem corpus vtrunq; tulit.

ALLEGORIA.

Exemplum docet hoc, peccandi semita quàm sit,
  Lubrica quàm fallax perditionis iter.
Heu lapsus facilis iuuenilibus euenit annis;
  Nam puer à patria dum solet ire domo,
Externasq; cupit petulans inuisere gentes,
  In vasta mundi sæpe palude perit.

Iuno & tres furiæ. VI.

IVno (grauiter ferens, quòd Ino Cadmi filia, Bacchi nutrix sororibus punitis, cū duobus remaneret liberis in vita, contemptrix numinis sui) per Tenarum promontorium Pelopones inferorum sequens iter, ad Erinnes vltrices impiorum descendit, & vnam è furiis nomine Thesiphonem excitauit, eidémque adiunctis tam precibus quàm minis serio institit, vt Athamanta regem Thebarum vnà cum Ino coniuge, aduersarios numinis sui, vlcisceretur cuius imperiū Dea Tartarea statī expediuit.

ENARRATIO.

Inuidia Thebano fraudes Saturnia Regi
  Vxoriq́; necis tristia fata struit:
Haud mora, descendens adit horrida regna Tyranni,
  Et gressum stygias flectit ad vsq́; lacus.
Hîc locus est passim nigris amplissimus vmbris,
  Quem premit æternos nox tenebrosa dies.
Hoc millena volant animarum millia tractu,
  Quæ scelerum pœnas, vt meruêre, luunt.
Hac simul intrauit funesta palatia Iuno,
  Tergeminus latrat Cerberus ante fores.
Eumenides etiam resident in limine primo,
  Anguibus intortas quæ plicuêre comas:
Cernitur hîc Tytion vultur cui viscera tundit,
  Tantalus & e medijs quem sitis vrget aquis:
Cernitur Ixion, haustis & Belides vndis,
  Sisyphus & saxum qui sine fine rotat.
Hunc Dea contemplans, cur hîc de fratribus v
  Tanta pœnarum mole grauatur? ait:
Est Athamas diues, qui meq́; Iouemq́; superbus
  Despicit, hîc merito discruciandus erat.
Huic igitur (Furiæ) rabiosam reddite mentem,
  Dixit, & ad cœli tecta superna redit.

ALLEGORIA.

Eumenides tibi tres, tria maxima crimina pandunt
  Quæ sunt Liuor edax, cœcus & ardor opum,
Atq́; voluptatis (monstrum deforme) cupido,
  Hinc homo Tartarei fertur ad ima maris,

Athamas & Ino ad furorem incitantur. VII.

TIsiphone vna ex Eumenidibus Iunonis imperio parens, relicta Ditis regia, sese ad superos recepit. Quæ postquam ad aulam Athamantis peruenit, in sinum eius, & cóiugis horribiles angues, & virus effudit, quibus animi eorum, corporibus haud infectis, grauissimè sunt læsi, tantóque furore perciti, vt sensus amborum prorsus à pristinis moribus alienati fuerint, & ipsi tandem vnà cum liberis, miserrimos cruciatus pertulerunt.

ENARRATIO.

Iunonis precibus subitò parebat Erinnys,
  Veste cruentata liuida membra tegens:
Tabificóq́; facem gestabat sanguine tinctam,
  Intorto nigras angue recincta comas,
Hanc comitabatur luctus, vecordia, terror,
  Aeolias peteret cùm furibunda fores.
Protinus ast Athamas viso cum coniuge monstro,
  Pallet & ipsa metu linquere tecta cupit:
Cui fera Tisiphone partes obsistit in omnes,
  Elabi manibus foemina, Rex ue nequit.
Crinibus inde quatit colubros (qui sibila torquent,
  Pestiferóq́; nocens virus ab ore vomunt.)
Coniugibus pariter binos immittit Erynnis,
  Amplexu circum qui citò colla dabant,
Vulnere membra carent, animus sed percipit, ictus,
  Saucia mens rabido plena furore tumet.
Nam Dea lethales spumas & virus Echidne,
  Erroresq́; vagos, vimq́; scelusq́; tulit.
Coxit & hæc olla mixto uersata veneno,
  Fudit in ipsorum quæ furibunda caput.

ALLEGORIA.

Aspice quàm Sathanæ gliscat truculenta potestas,
  Quàm sæuis homines concitet ille modis:
Hortatu cuius turpissima quæq́; sequuntur
  Crimina mortales, & mala multa patrant.
Hinc furor, ambitio, fastus, contentio, cædes,
  Hinc amor illicitus, furta dolusq́; fluunt.

Athamas furens Learchu͂ filium interficit. VIII.

AThamas à Tisiphone Dea infernali vnà cum vxore ad insaniam redactus, Learchum filium suum, quasi in venatione pro fera interficit. Ino autem Melicertá filiu͂ è scopulo secum in profundum æquor præcipitauit: Qui Veneris precibus pro nepote factis, à Neptuno pelagi rectore, in Deorum cessêre numerum, ita vt Melicerta Palæmon, & Ino Leucothoe inter maximos Deos nuncuparentur: Comites verò Inus partim lapides partim volucres euasêre.

ENARRATIO.

Protinus Aeolides furiis agitatus in aula,
  Exclamat, Socij pandite lina citi.
Vtq; feram sequitur celeri vestigia cursu,
  Coniugis (ardenti cædis amore) suæ.
De matrisq; sinu sobolem pater arripit amens,
  Ipsius & fundæ brachia more rotat.
Deniq; mentis inops dilecti membra Learchi,
  Contundit saxo sparsa cruore rudi:
Exululat subito furiis quoq; percita mater,
  Aufugit & secum te Melecerta rapit:
Seq; freti scopulo præceps demittit in vndas,
  Et cum prole cauo gurgite mersa iacet.
Sed venus exorat precibus Dea numen aquarum,
  Addat vt æquoreis corpora bina Diis,
Sidoniæ comites Dominam per saxa secutæ,
  Huius vt aspiciunt fata dolenda gemunt:
Ac se prima mari iactu mersura profundo,
  Attingit scopulum, fitq; repente lapis.
Horrida post etiam plures in saxa reuersæ,
  Cætera pars volucres ad freta salsa volant.

ALLEGORIA.

Sic Athamas consorsq; tori periere nefando
  Funere, quod fastu conciliâre suo:
Heu quoties hodie turpes conuertit in vsus,
  Munera læta meri perniciosus homo,
Proculcatq; Dei largissima dona superbus,
  Huic olim quatiet pœna cruenta caput.

Cadmus & Hermione in Dracones. IX.

Cadmus Agenoris filius, variis suorũ calamitatibus & infortuniis vexatus, Thebarum sedem perosus, vnà cum Hermione, Martis & Veneris filia, coniuge sua, inde recessit, seque in Illyriam contulit, vbi cum vxore à Diis in speciem Draconis conuertebatur, qui ambo deinceps in syluarum latebras repsere, & memores adhuc humanæ formæ ab hominibus lædendis abstinuerunt.

ENARRATIO.

Moestus Agenorides immania fata retractans
 Anxia luctifico corda dolore grauat.
Illyricosq; petit querula cum coniuge fines,
 Et dubio secum pectore multa putat:
Forte draco sacer iste fuit, quem fontis ad oras
 Transfodi propria cuspide, Cadmus ait:
Si me propterea premit horrida Numinis ira,
 Muter vt in colubrum supplice voce precor.
Protinus in longam corpus distenditur aluum,
 Et squamas recipit tergore dura cutis.
Brachia dum restant, miserum me tange maritum
 (O coniux, inquit Cadmus) & ora rigat.
Dicere plura cupit, sed vox abrumpitur omnis.
 Fit Draco qui tenui sibila voce sonat,
Cadme quid hoc, vxor querit, cur induis anguem?
 O vtinam similis me quoq; forma tegat.
Haec vbi dicta, suae mox coniugis ora maritus
 Lambit, & amplexu suauia colla petit.
Hinc fiunt gemini cito foemina virq; dracones,
 Et nemorum frutices corpora iuncta colunt.

ALLEGORIA.

Exemplum nobis Cadmus proponit eorum,
 Quos à principio prospera fata manent,
Donec agunt iustè, sed cùm de calle recedunt
 Virtutis, capiti noxia damna struunt.
Peruersos sequitur sors infaustissima mores,
 Et fabricat casus quilibet ipse suos.

LIBER IIII.

Atlas in montem sui nominis conuersus. X.

ATlas Rex Mauritaniæ, Iapet & Pleiones (seu vt quidã volũt) Clymones filius à Themide, quæ initio Antistes Deorum erat, responsum accepit, ne quem hospitio ex progenie Iouis susciperet, si modò vellet hortum, in quo poma erant aurea, saluum & integrum retinere. Cùm igitur eam ob causam Perseo, ex assiduo cursu defatigata, requiescendi apud se locum denegasset, is prolatũ ei caput Gorgonis obiecit, quo viso Atlas in montem eiusdem nominis est transmutatus.

ENARRATIO.

Actus Abantiades discordibus æthera ventis
  Dum tranat, cancri brachia curua videt.
Desuper hinc altis defigit lumina terris,
  Atq; super mundi pulchra theatra volat:
Iamq; cadente die non ausus fidere nocti,
  Protinus Athlantis regna superba petit:
Poscit & hospitium roseis aurora capillis,
  Fulgeat in madido dum rubicunda polo.
Sollicitis addit precibus quoq; stemmata gentis,
  Sed nil vota iuuant, nil & origo valet.
Sors etenim regi manet alta mente reposta,
  Olim fatidico quàm Themis ore dabat.
(Tempus Athla veniet, fuluo tua poma metallo
  Cum rapiet proles vi petulante Iouis.)
Hæc metuens Athlas, furibundis Persea verbis
  Increpat, eq; domo pellere tentat atrox:
Gorgonis extemplo squalentia protulit ora
  Perseus, & regi conspicienda dedit.
Cuius membra meant in aprica cacumina montis,
  Crescit & in densum barba comaq; nemus.

ALLEGORIA.

Fabula præduros homines Athlantis adumbrat,
  Quorum terrenus pectora stringit amor.
Hi tandem fiunt lapidoso vertice montes,
  Quos super incumbit machina celsa poli.
Sic etenim curis sine fine grauantur auari,
  Totius vt mundi ferre putentur onus

Perseus Andromedam liberat. XI.

PErseus per Aethiopiam iter faciens, postquam Andromedam propter superbiam matris quæ se Nereidū Nympharū pulchritudini prætulerat, saxo alligatam, ac marinæ beluæ obiectā vidit, captus specie eius exarsit. Faciens igitur pactionem cū Cepheo, Iasi filio, Æthiopum rege, & Casipea parentibus virginis, vt si beluam interemisset, ea sibi matrimonio traderetur, confestim dracone telis suis trasfodit, & hac ratione puellā est adept°.

ENARRATIO.

Pennifer Inachides Cepheia prospicit arua,
   Dum liquido pernix æthere carpit iter.
Illic Andromeden forma præstante puellam,
   (Cuius erant scopulo brachia fixa) videt.
Solueret vt pœnas monstris obiecta marinis
   Filia, quas matris lingua proterua tulit:
Hac ita conspecta, cœcos trahit inscius ignes,
   Virginis atq; animo fata stupenda dolet.
Pande mihi, dicit, nomenq; genusq; puella,
   Curq; liget corpus dura catena tuum.
Huic dum respondet, tumidum mox insonat æquor
   Eminet eq; sinu belua dira maris.
Territa Virgo vocat lugubri voce parentes,
   Illachrymans mater, cum genitore venit.
Hanc mihi si Perseus thalamo coniungitis, inquit,
   Belua victrici corruet ista manu.
Quod cùm promisit genitor, celer æthera findens
   Penniger, in monstrum noxia tela iacit,
Illius & crebro transfigit viscera ferro,
   Et sic Andromeden præmia victor habet.

ALLEGORIA.

Sit verus Perseus Christus, per robora cuius
   Lethali Dæmon vulnere pressus obit:
Hîc quoq; matris Euæ nos ob cõmissa ligatos
   Eripuit, frangens ferrea vincla necis:
Æternoq; sibi nos desponsauit amore,
   Qui gerimus cœtus nomina vera sui.

Crines Medusæ in angues. XII.

Medusa Gorgo Phorci filia, cū propter pulchritudinem à pluribus peteretur, coniugiū Neptuni effugere nō potuit. Hæc quia in Templo Mineruæ cum ipso cōcubuit ob loci profanationem, ipsius crines in serpētes sunt mutati, quos quicunque deinceps aspexerat, in saxum conuersus est. Perseus igitur ei dormienti tectus scuto Palladis caput abscidit, post insidens Pegaso, quem ex Neptuno Medusa peperit, in varias hinc inde regiones auectus est.

ENARRATIO.

Gorgoneæ quondam gelido sub Atlante sorores,
　Præcinctum muris incoluere locum.
Ex his præcipuè speciosa fronte Medusa,
　Et niueo capitis crine superba, fuit.
Hanc adamat Pelagi rector, violatq́; coactam
　Turpiter, & sacra Palladis æde premit.
Hinc Dea confestim tortos mutauit in angues
　Virginis insignes sanguinolenta comas.
Anguibus implexos qui conspexere capillos,
　In silices cuncti post abiere rudes.
Saxea cùm Perseus passim simulacra videret,
　Est etiam vetitas ausus adire domos.
Palladis ast intrans clypei munimine tutus,
　Obruta Gorgoneæ membra sopore videt.
In somnis igitur resecat fera colla Medusæ,
　Et secum penna præpete raptat equum.
Per freta, per terras, vectusq́; per æthera, cuius
　Præsidio nimium fortia facta gerit.

ALLEGORIA.

Phorcidos ora tibi crinita draconibus atris,
　Horrida presterum colla caputq́; notant,
Qui populos olim letho mersere profundo,
　Horum dum caderet vulnere densa cohors.
Sic & adhuc hodie Sathanas abrumpere vitam
　Pluribus, & lucis fila secare solet:
Ast huic cœlestis caput à ceruice reuulsit
　Perseus: vnde piis nulla venena nocent.

FINIS LIB. IIII.

OVIDII METAM.
LIB. V.
Pugna in nuptiis Persei orta. I.

Vm Perseus Andromedé interfecta belua periculo mortis liberasset, Pater,
prout antè promiserat, ipsi filiā in matrimoniū tradidit. Celebratis igitur nuptiis, multi
principes regalibus epulis interfuere. Phineus
autem Cephei frater, cui Andromeda prius
desponsata erat, contumelia se affectū putās,
quòd aduenæ consanguineus esset postposit?
inter comuiuandum horribilē tumultū excitauit, in quo ex utraque parte plurimi sunt interfecti.

OVIDII METAM.

ENARRATIO.

Eripuit postquam medio discrimine mortis
  Andromeden Perseus dona petit a tulit.
Coniugioq; pater lætus genitrixq; puellam
  Polliciti memores sponte dedêre viro:
Iamq; dies aderat regali splendida festo,
  Præcipit & tædas connubialis amor.
Continuò largis cumulatur odoribus aula,
  Organa dant cantus, tibia, plectra, lyræ.
Regia tota nitet pulchro constructa paratu,
  Accedunt procerum copia multa dapes.
Et læti celebrant primo conuiuia cuncti,
  Postmodò sed cæcus corda tumultus agit.
Atria complentur fremitu, clamor'q; furores
  Excitat horrendos, ensis & arma sonant.
Insurgit Phineus pugna temerarius autor,
  Et sibi præpepta coniugis vltor adest.
Non tulit hæc Perseus, reprimens audacia fratris
  Cœpta, ferox omnis post capit arma cohors.
Conuiuæ pariter cuncti fera prælia miscent.
  Plurima vulneribus pars & vtrinq; cadit.

MORALE.

Dulcia sic tristi turbantur gaudia fine
  Sæpius, & lætus fert quoq; mœsta dies.
Inde fit vt rarò par sit fortuna labori,
  Nec bene qui meruit præmia semper habet.
Sustinet inuidiam virtus, & gloria recti,
  Dum captat primum vis inimica locum.

Phineus, eiusque socij in saxum. II.

Cvm inter conuiuas horrendum in regia prælium agitaretur, & multi ex vtraque parte armis, quibus eos casus obtulit, caderēt, nouissimè Perseus aduersariorum ingentem pertimescens multitudiné, mandabat suis, vt è conspectu ipsius discederent, capútque Gorgonis extulit, quo viso, Phineus cum omnibus suis sociis auxiliantibus, in saxum conuersus est, itaq; dignas, velut harum turbarū autor, pœnas persoluit.

ENARRATIO.

Effera sanguineo peraguntur prælia fato,
 Parte nec exilis cœtus vtraq; perit.
Nam planè Phineus perstans furibundus in armis,
 Persea cum socijs exanimare cupit:
Hic igitur postquam vidit succumbere turbas,
 Præsidium cur non, inquit, ab hoste petam?
Si quis amicus adest, oculos auertite vestros,
 O socij, virus ne medicina ferat.
Dixerat: horrendæ post Gorgonis extulit ora,
 Quæ dedit iratis aspicienda viris.
Illorum manibus dum tela cruenta retorquent,
 Arida summoto membra calore rigent.
Ossa gelu torpent, simulacraq; saxea fiunt
 Corpora, quæ veluti marmora fixa manent.
Quæ dum sic cernit Phineus immota, suorum
 Agnoscit species, & sibi poscit opem.
Diriguere viri, quorum cito corpora tangit
 Dux ferus, at rigidum corpora marmor erant.
Hic igitur supplex orat, culpamq; fatetur,
 Et trepida veniam Persea mente petit.
Sed nil vota iuuant, precibus nihil impetrat istis,
 Saxea sit duri corpus imago viri.

MORALE.

Prælia delectant si quos truculentia Martis,
 Pectora vel saxis asperiora gerunt:
Quàm fuit horrendus, sæuos qui repperit enses?
 Durius huic solido cor adamante fuit.

Pallas & Sorores ad Helicona. III.

Narratio noua sequitur: quemamodum Pegasus, equus alatus, (de quo superius auditum est) è sanguine colli Medusæ exiliés ad Heliconem Bœotiæ montem peruenerit, vbi cùm terram pedis vngula percussisset, ilicò fons (qui ἱπποκρήνη, hoc est, Caballinus fons est appellatꝰ) exortus fuisse memoratur. Ad eum igitur videndum, relicto Perseo, Pallas profecta est, quæ à Musis singulari cũ humanitate quápróptissimè à dipsũ fuit deducta

ENARRATIO.

Virgineum iunctis Helicona sororibus olim,
   Visendi studio sacra Minerua petit.
Pegasus hic fontem fertur fecisse crepantem,
   Vngula dum mollem vertice pulsat humum.
Excipit Vranie primò lætissima Diuam:
   Ostendens fontis quæ sit origo noui.
Hæc mirata sacros latices, lucosq; virentes,
   Inde voluptatum gaudia mille capit.

ALLEGORIA.

Mons erat hic Phœbo, Musisq; dicatus amœnis,
   Secessus etenim vir studiosus amat:
Et ne vulgus eum, nec amara negocia turbent,
   Secretum studiis eligit ipse locum.
Vtq; Meduseus conscendit ad ætheris auras,
   Ardua sic doctus mente volutat homo.
Fama nouem memorat Musas Heliconis alumnas,
   Eximium Clio nomen honoris habet.
Dicitur Euterpe quod nos oblectet amata,
   Nomen de nitido flore Thalia gerit:
Melpomene dulcem designat carmine cantum,
   Maxima Terpsichore gaudia ferre solet.
Sic Erato gratos sonitusq; Polymnia suaues
   Reddit, & ad cœlos nos leuat Vrania:
Calliope formosa sonat, dum mira venustas
   Conspicitur doctis, semper inesse viris.
Nam quia Musarum mores imitantur honestos,
   Hinc immortalis præmia laudis habent.

Musæ in aues. IIII.

MVsæ cùm montem Parnasium peteret, aduersis tempestatibus inuitatæ à Pyreneo (qui Thrax fuit Tyrannus, & Daulida Phocidis vrbem vi occupauit) tecta eius subierunt q̃ pulchritudine captus virginũ, clausis foribus illis vṽ afferre conabatur. Sed Musæ in aues conuersæ euolarunt, quas cũ persequi Pyreneus vellet, ex arce se præcipiti saltu deiecit, caputque terræ illidens, vita continuò defunctus est.

ENARRATIO.

Vnanimes Musæ Parnasi templa petebant,
  Cùm flueret largis æthere nimbus aquis.
Quas vbi Thrëicius rabida feritate Pyreneus
  Aspicit, illarum numina sancta colit.
Dissimulatq́; malas fucato pectore fraudes,
  Mæonides: dicens, tecta subite mea,
Dum fera tempestas & seuus desinat imber,
  (Intrârunt humiles Numina sæpe casas.)
Protinus Aoniæ subeunt domicilia regis,
  Discussisq́; polo nubibus ire parant:
Ast immansuetus claudit sua tecta Tyrannus,
  Virgineumq́; cupit vi superare chorum.
Auolat assumptis cœtus perniciter alis,
  Rex sequitur cursu præcipitante ferox.
Seq́; cito turris de culmine deijcit alto,
  Cuius ab effuso vita cruore fugit.

ALLEGORIA.

Pellacem Sathanam Thrax exprimit iste Tyrannus,
  Aggreditur varia qui ratione pios.
Horribilis quoties impendit ab axe procella,
  Iámq; fores pulsant tetra pericla crucis:
Hic nos inuitans requiem promittit amœnam,
  Et vetat inceptum ne peragamus iter.
Templa nec æterni quæramus vt ardua montis
  Concedit, firmas obserat inde fores.
Carcere sed clauso iustos Deus eripit omnes,
  Efferus immani morte Tyrannus obit.

Venus, Cupido, Pluto. V.

VEnus molesto ferés animo, quòd & Diana, & Proserpina Cereris filia, numē suum coniugūque fœdera despicatui ducerent, Ditem (qui territus viribus Typhonis Aetnā mouentis, cui à Diis subiectus erat, ab inferis eruperat) per Cupidinem filium suum cōmouit, vti Proserpinam amore eius incensus, circa Aetnam montem flores, vnà cum Minerua atque Diana legentem, raperet, eandémque secum ad Orcum curru impositam auceret.

ENARRATIO.

Sic olim natum Venus est affata volucrem,
  O soboles nunquam non adamata mihi:
Arcum tende tuum, celeres impone sagittas,
  (Numina nam telis victa domare potes.)
Inq; Dei pectus stygij fera spicula torque,
  N'illaudis nostri foedus amoris habet:
Nos inupta quidem Pallas Dianaq; spernit,
  Et proles Cereris virgo manere cupit.
Hanc igitur patruo Plutoni iunge puellam,
  Illius & caeco vulnere corda feri.
Sic ait: inde puer matris cito iussa capessit,
  Ditis & in pectus missa sagitta volat.
Hinc petitur stygio coniux Proserpina regi,
  Formosaeq; Deum virginis vrit amor.

ALLEGORIA.

Hic Venus & mira depingitur arte Cupido,
  Qui puer imperium totius orbis habet.
Omnibus (in terris) vigor est innatus amandi,
  Aliger in pecudes & sua tela iacit.
Colligit humanum genus hic conseruat & auget,
  Legitimo saltem iure paretur amor.
Ergo naturae ductum non tollere fas est,
  Foedera sacrati sunt veneranda tori.
Nemo quidem castam poterit traducere vitam,
  Ni regat hunc constans æthereusq; pudor.
Viribus in nostris non est sita tanta potestas,
  Id solum supera munus ab arce venit.

Pluto rapit Proserpinam. VI.

CVm Proserpina circa Aetnam montem flores, vnà cum Minerua atque Diana legeret, Pluton ipsam amore inflammatus surripuit: plaustro autem rapidissimo eam vehens: à Cyane nympha, quam dilexerat Anapus ãnis, intercedente retardatus est. Incensus igitur ira Deus infernalis, sceptro terram percussit, qua statim adaperta, celerrimo cursu ad inferos cum amica deuectus est. Cyanen verò in stagnum sui nominis transmutauit.

ENARRATIO.

Haud procul Aetneo lacus est à mōte profundus
  Cantus quo dulces plurimus edit olor.
Hoc itidem stagnum pulcherrima sylua coronat,
  Graminea florum copia surgit humo.
Hîc suaues postquam violas Proserpina carpit,
  Et luco passim lilia grata legit.
Virginis accelerat Pluto vesanus amore,
  Inq; nemus curru præcipitante ruit:
Atq; locat plaustro Cereris de sanguine natam,
  Infernas repetens (venerat vnde) domos.
Illa vocat comites, matremq; miserrima poscit
  Auxilium, stimulat sed Deus acer equos.
Et currus agitat celeres, precibusq; mouetur
  Nil Cyanes: tellus ista recludit equos.
Inde viam Pluto pernix ad tartara sumit,
  Et sua cum rapta coniuge regna subit.

ALLEGORIA.

Dicitur alma Ceres messem reperisse benignam,
  Filia cui magno de Ioue nata fuit:
Sed per eam tectè teneras intellige fruges,
  Dulcia quæ vitæ sunt alimenta tuæ.
Has pleno captant locuples & auarus hiatu,
  (Tristia Plutonis qui simulacra gerunt.)
Pauperibus quoniam Cereris pia munera raptant,
  Quando fames terras exitiosa premit,
Et sua frumentum spaciosa sub horrea condunt,
  Sæpe dat his inopi tempore foenus opes.

Ceres quærit filiam. VII.

Ceres per vniuersum orbem, filiam Proserpinam requirens, ad casam tandem cuiusdam anus deuenit, à qua æstu torrida sibi aquam ad colluendum os postulauit. Hæc igitur cùm potionem polenta commixtá ei daret, ipsáque Ceres auidius biberet, à puero quodam derisa est, quem subitò Dea in Stellionem conuertit. Deinde cùm à Nympha Arethusa percepisset, filiam à Dite raptam, à Ioue impetrauit, vt alteram anni partem cum marito inferius, alteram verò cũ matre supra terram Proserpina degeret.

ENARRATIO.

Quæritur interea pauidæ Proserpina matri,
    Vndiq; per terras, per vada cuncta maris:
Solis ad occasum, Solis decurrit ab ortu,
    Contrahit & siccam fessa labore sitim.
Forte casam viti contectam stramine cernens,
    Aduolat & gelidæ munera poscit aquæ.
Prodit anus, Ceremq; videt, cui dulce polenta
    Porrigit, at mustum dum bibit illa datum,
Ecce puer Diuam risu deludit inani,
    Illius aspergit membra liquore Ceres:
Concipit os maculas, fit paruula bestia corpus,
    A stellis variis stellio nomen habens.
Sed genitrix pergit dilectam quærere natam,
    Hanc Arethusa refert Ditis inesse domo.
Ergò Iouis supplex implorat numina mater,
    Et pro communi pignore vota facit.
Scilicet vt supera Proserpina luce fruatur,
    Altera pars voti ceu rata, pondus habet:
Nam medium cum matre Deam iubet esse per annũ
    Sex verò menses regna videre Stygis.

ALLEGORIA.

Errantem regina refert Proserpina Lunam,
    Sidera perlustrat quæ duodena poli.
Sex crescit menses, sex deficit illa quotannis,
    Et mutat vultus ora subinde sui:
Nam quoties crescit, superas se tollit ad auras,
    Postmodò deficiens infera regna colit.

Arethusa ab Alpheo amata in fontem. VIII.

ARethusa Achaidum Nympharũ formosissima, venatrix, ac Dianæ comes fuit: quæ cùm fortè in Alpheo flumine lauaret, ita ab eodem amne diligebatur, vt is amore eius vehementissimè inflammatus, sumpta viri forma, virginem cursu velocissimo prosequeretur. Hæc autem persequentis impetum effugere conata, Dianá implorabat, vt laboráti ferret auxilium, quæ ab ea in fontem sui nominis cóuersa, primò per loca subterranea se diffudit, post ad superos fuit euocata.

OVIDII METAM.

ENARRATIO.

Venatrix olim syluis Arethusa libenter,
   Montiuagis posuit retia torta feris.
Cúmq; nimis creber Nymphæ labor attulit æstum,
   Illius & toto corpore sudor ijt,
Protinus in latices virgo se conijcit altos,
   Nudaq; perspicuo flumine membra lauat.
Emicat hac visa liquidis Alphæus ab vndis,
   Quo properas? inquit, siste Arethusa gradum:
Aufugit extemplò perterrita virgo, columba
   Accipitrem penna ceu trepidante fugit.
Insequitur iuuenis per concaua saxa puellam,
   Per montes, valles & loca plana volans.
Nympha labore fugæ tandem defessa, Dianam
   Inuocat, ô facilem fer Dea (clamat) opem.
Confestim virgo nebulis obducitur atris,
   Nec magis Alphæo conspicienda datur.
Hanc tamen ignarus per nubila densa requirit,
   In latices donec membra soluta fluunt:
Principio cæcis quæ sunt immersa cauernis,
   Post velut è stygio mox reuocata lacu.

ALLEGORIA.

Casta Diana docet, qua sit bonitate supremus
   In cunctos, peragunt qui sua iussa, Deus:
Si premat innocuum Sathanæ violenta tyrannis,
   Sobrius ad Christum corda manusq; leuet.
Protegit alarum nebulis Saluator & vmbra
   Insontes: hostis vimq; minasq; fugat.

Lyncus in lyncem. IX.

Ceres olim recepta filia, Athenas aduolauit, currúmque à draconibus alatis vectum Triptolemo Celei & Deiopes filio dono dedit, vt is frumenti vsum & agriculturá mortales doceret. Qui cùm in Scythiá vsque peruenisset, à Lynco Rege hospitio acceptus, in extremo mortis discrimine versabatur: Lyncus enim cum aduentus causam intelligeret, Triptolemum somno grauatum extinguere molitus est, quamobrem Ceres regem in lynca feram commutauit.

ENARRATIO.

Addiugit plaustro geminos Ceres alma dracones,
   Et longum cælo vecta pererrat iter.
Triptolemo tandem currū transmittit Athenas,
   Semina quem pingui spargere mandat humo,
Fœcundas pariter segetes ostendere mundo,
   Hic diuersa cito regna locosq́; petit.
Post iter immensum Scythicis quoq; redditur oris,
   Rex vbi Lyncus erat, limina regis adit.
Aduentus causam nomen cum stemmate pandens,
   Accipit hunc tristi barbarus hospitio.
Nocte volens ferro stertentis figere pectus,
   Liberat ast iuuenem mitis ab ense Dea.
Et mox Lynca facit maculoso tegmine regem,
   Vt nemorum posthac incolat antra fugax.

ALLEGORIA.

Triptolemus fidos designat in orbe ministros,
   Quos Deus extremos vult peragrare locos:
Scilicet vt spargant diuini semina verbi,
   Vnde cibum vitæ, turba fidelis habet.
Ferre sed hoc nequeunt rabiosa mente Tyranni,
   Retia dum tendunt his inimica necis.
At Deus è medio pestis discrimine seruos
   Eripit, immensa pro bonitate suos.
Lyncas & in trepidas reges conuertit atroces,
   Quos vitæ dubios territat aura leuis.
Tunc alios ipsi quoniam petiére sagittis,
   Confixi iaculis in sua fata ruunt.

FINIS LIB. V.

OVIDII METAM.
LIBER. VI.
Niobe cum filijs iterimitur. I.

Niobe Tantali filia, propter insolentiam suam Phœbi ac Dianæ potentiá experta est: Cùm enim Thebani omnes Latonæ sacrificarent, sola est inuenta Niobe cum septé suis filiis, totidémque puellis, que numé prædictæ Deæ aspernabatur. Apollo igitur & Diana Thebas venientes, vniuersos Niobes liberos sagittis transfoderunt: hinc pater Amphion præ nimio dolore sibi mortem consciuit, ipsa autem mater mœrore confecta, in silicem tandem transmutata est.

OVIDII METAM.

ENARRATIO.

Latonæ iussu cumulant altaria donis
  Thebaides faciunt & pia vota Deæ.
Implicita velant pariter sua tempora lauro,
  (Ceu sata Tiresia vaticinata fuit.)
Ecce puellarum Niobe stipata caterua,
  Protinus aurata veste superba venit:
Constitit atq; oculos nunc huc, nunc dirigit illuc,
  Quis furor exclamat numina ficta colit?
Cur ego non tanto ditissima dignor honore?
  Et mea muneribus cur vacat ara suis?
Sic fatur generis clarissima stemmata iactans,
  Et coluisse Deam niq; minisq; vetat.
Hæc Latona refert Phœbo pariterq; Dianæ,
  Auxiliumq; sibi numina ferre cupit:
Vtraq; mox proles Thebarum mœnia poscit,
  Vltriciq; gerit noxia tela manu.
Figuntur septem nati, totidemq; puellæ,
  Amphionq; suo turpiter ense cadit.
Post Niobe scopuli recipit Sipyleia formam,
  Sic gens immiti cæde nefanda perit.

ALLEGORIA.

Conciliat miseras ventosa superbia clades,
  Magnaq; supplicij pondera fastus habet.
Cum natis Niobe sentit lachrymabile fatum,
  Rex etiam propria fert sibi damna manu.
Sic hominum rebus mens est inflata secundis,
  Nescia quid secum vespera sera vehat.

Agrestes Lycij in Ranas. II.

Latona Cæi filia, cùm Iunonis odio, gemellos suos Appollinem & Dianã ex Ioue conceptos, difficulter parere posset, nulláque regio errantẽ acciperet, tandẽ edito partu in Liciam venit, & ardore æstus ac longitudine viæ sitim sedare cupiés, à rusticis, qui uluam & iuncum propè lacum colligebant, propius accedere, & aquam haurire prohibita est. Quamobrẽ accensa ira petiit à Diis, vt Agricolæ stagno nunquam carerent, quod statim accidit, rusticósque omnes Iupiter in Ranas transfigurauit.

ENARRATIO.

Candida dum varias gentes Latona pererrat,
 Iunonis patrio numine pulsa solo:
Accedit Lycias multo sudore paludes,
 Feruida cum Solis finderet arua calor.
Quos tulerat ponit teneros defessa gemellos,
 Vrentem lymphis depositura sitim.
Rustica turba negat haustum (nam fortè legebant
 Illic cum iuncis flexile vimen opus.)
Dura petit siccis gelidas modò faucibus vndas,
 Potus aquæ fuerit nectaris instar, ait:
Arida dum loquitur molli quoq; lingua palato,
 Hæret, & exiccat guttur anhela sitis:
Attamen agrestes iterumq; iterumq; rogati,
 Latonæ prohibent vel tetigisse lacum.
Quin liquidam pedibus turbant manibusq; paludem,
 Optatis tantùm ne potiatur aquis.
Ira sitim differt, numen mox Diua precatur,
 Vt semper latices tetrica turba colat.
Succedit votum, ranæq; videntur in vndis,
 Agricolæ, stagnum quos coluisse iuuat.

ALLEGORIA.

Rana velut limo gaudet, ripisq; resultat
 Et rauca gelidis voce coaxat aquis:
Rustica non aliter plebs incolit vsq; tabernas,
 Et crebro vini labra liquore rigat.
Saltat, & ingentes strepitus mouet atq; tumultus,
 Litigat, & rixas vociferando ciet.

Marsyas à Phœbo excoriatur. III.

SAtyrus nomine Marsyas, cum Appolline tibia (quam Minerua inuenisse proditur) contendere ausus fuit, victus autem à Phœbo propter temeritatem, quia Deo cedere nollet, suspésus est, & cute nudatus: hunc Nymphæ ac Satyri, cæterique ruris incolæ, ita fletu prosecuti sunt, quòd in posterum eius cantu carere cogerentur, vt lachrymis eorum flumen increuerit, quod deinceps eius nomine in Phrygia à maioribus Marsya nuncupabatur.

OVIDII METAM.
ENARRATIO.

Bellonæ Satyro reperitur tibia primùm,
 Hæc inflata sonos ore tremente dabat:
Vox placet, ille nouum modulatur arundine carmen,
 Inter Naiades arte superbus agens.
Prouocat & Phœbum calamo quem vincere gaudet,
 Sed diuo Satyrus numine victus obit:
Huius & auulso nudat cute corpus Apollo,
 Artubus è validis manat vbiq; cruor.
Detracto graciles lucent in pectore fibræ,
 Ac se direpta viscera pelle mouent.
Ipsum cornipedes syluestria numina Fauni
 Et Satyri deflent, Naiadumq; chorus.
Fertilis immaduit lachrymis hinc terra subortis,
 Et venit stillas sæpè rigata) bibit.
Fit flumen subito rapidum quod manat in æquor,
 A Satyroq; suum Marsya nomen habent.

ALLEGORIA.

Vincitur à Phœbo Satyrus certamine cantus
 Artibus ingenuis tibia cedit iners.
Fistula nec priscis placuit sapientibus olim,
 Et lasciua parum laudis arundo tulit.
Tibia deformat faciem buccasq; tumentes
 Reddit, & arguta nil rationis habet.
Nec solet ingenuas inter numerarier artes,
 Nam facit vt mentis præpediatur opus.
Atticus hinc princeps quondam dubitabat, an illi
 Qui caneret calamo certa loquela foret.

Tereus, Progne, tres furiæ. IIII.

Tereus, Martis filius, Rex Thracum, postquam auxilia multis tulit regibus, etiam Pandioni Athenis regnanti, cùm à proximis ciuitatibus oppugnaretur, nō defuit. Is igitur propter officium sibi præstitum, Progné filiā suam in matrimonium illi dedit: Celebratis autem nuptiis Eumenides lectulum iugalem strauerunt, & prima nocte concubitus in culmine tecti bubo conspecta fuit, quæ nouo cōdugio funestum omen afferebat.

ENARRATIO.

Rex olim Tereus sæuos euicerat hostes,
   Atq; inimicorum fuderat agmen atrox.
Pandion igitur copulat sibi fœdere Thracem,
   Dum fuerat bello diuitiisq; potens:
Huic quoq; coniugio gnatam de nomine Prognen
   Iungit, vt inceptus firmior esset amor:
Defuit ornato triplex sed gratia lecto,
   Defuit & magni nupta sororq; Iouis.
Eumenides astant tristissima numina, tædasq;
   Ex orco manibus quas rapuere gerunt.
Eumenides lectum sternunt, thalamumq; ministrant,
   Ac sedet in summo culmine bubo tori.
Hac aue commixti, sobolem genuere parentes,
   Hoc & erant populo festa colenda die.

ALLEGORIA.

Eumenides buboq; malæ sunt omina tædæ,
   Auspiciumq; negat pronuba Iuno suum:
Gaudet opes propter natam iunxisse Tyranno,
   Seq; putat rebus consuluisse socer.
Sic & adhuc hodie sponsalia plurima fiunt,
   In quibus externæ respiciuntur opes.
Nil pietas, virtus, pudor, obseruantia recti,
   Nil mores casti vitaq; sancta valet:
Gloria, diuitiæ, dominatus & alta potestas
   Quæritur, argenti pectora stringit amor.
Fluctuat hinc grauibus domus exitiosa procellis
   Sæpius, & stirpem finis acerba manet.

Tereus Philomelam secum abducit. V.

PRogne deportata in mariti regnum, cùm ex longo temporis interuallo Philomelá sororem desideraret, petiit à Tereo, vt proficisceretur Athenas, & sororem sibi ad soléne sacrificium adduceret. Rex igitur vxori obediens, Athenas profectus, ibidémque hospitio soceri sui Pandionis familiarissimè vsus est, & Philomelam vix multis ab inuito paréte precibus impetratam, secum eius amore tacitè inflammatus, auexit.

OVIDII METAM.

ENARRATIO.

Quinq; per æstates Progne cum coniuge Tereus,
   Seruabant socij vincula firma tori.
Tunc blandita suo Pandione nata marito,
   Germanam læta mente videre cupit.
Obsequitur precibus Tereus, subitoq; paratas
   In freta deduci præcipit alta rates.
Queis tandem vectus Pyreis appulit oris,
   Quo socer incoluit mœnia celsa loco.
Hunc vbi conuenit, simul & mandata referre
   Coniugis, occulta suscipit arte, gener:
Quam petit hæc claro prodit Philomela paratu,
   Illius & niueo splendet in ore rubor.
Hanc vbi conspexit Tereus, ardescit amore
   Virginis, & sentit tela Cupido tua:
Impetus estq; uiro castam temerare puellam,
   Nutricisq; mala fallere fraude fidem.
Ergo cùm surgit niueis aurora quadrigis,
   Dat genero natam corde dolente socer.
Ac Terei fido sobolem committit amori,
   Cum famulis intrat post Philomela ratem.

ALLEGORIA.

Inuolucris hominum tegitur peruersa voluntas,
   Nam Tereus fraudis pectora plena gerit.
Mel simulat lingua, fel dirum corde recondit,
   Hanc etiam cernit nostra senecta fidem:
Non gener est soceri, non hospitis hospes amicus,
   Inter nec fratres est genuinus amor.

Tereus Philomelæ linguam exerit. VI.

TEreus Philomelam in Thraciam ducens, eam vi correptā stabulis inclusit, vt post hac sine cuiusquam suspicione sæpius ad eam commeare, & illicito illius amore frui posset. Cùm autem militaretur, se velle eius iniuriá & vim sibi violenter illatam omnibus patefacere, insuper Tereus ei, ne commissa posset eloqui ac diuulgare, linguam præcidit, & cóiugi, sororem ipsius mortem oppetiisse, mentitus est.

OVIDII METAM.

ENARRATIO.

Vix è conspectu soceri iam puppis abibat,
　Et nautæ ponto turgida vela dabant.
Vicimus, exclamat Tereus, en gaudia mecum,
　En prædam fœlix & mea vota fero.
Vix animo differt ardente Cupidinis æstum,
　Aspectu mentem nec saturare valet.
Post iter effectum subito Pandione natam
　In stabula Odrysius rex tenebrosa trahit.
Hæc ibi mœrenti ducens suspiria corde
　Clauditur, & patrem vi superata vocat.
Germanamq; cupit tam dirum cernere casum,
　Sed frustra sylvis abdita verba facit.
Nequicquam fundit lachrymas & pectora pulsat,
　Infandum crines dilaniata suos.
Erumpens igitur crudelis barbare dixit,
　Nil animum patris iussa precesq; mouent?
Quo promissa mei tibi cura maligne recedit?
　Hoc ego vel facinus carcere clausa canam.
Extemplo Tereus vagina liberat ensem,
　Et medio linguam virginis ore secat.
Hanc stabulis linquit clausam, mortemq; sororis
　Nunciat vxori, cùm sua tecta subit.

ALLEGORIA.

Hac ratione solent magni sæuire tyranni,
　Qui sua vulgari facta scelesta vetant.
Sed nihil est tectum, quod non ætate patescat,
　Ponit in aprico cuncta futura dies.

Progne Philomelam carcere liberans. VII.

PHilomela stabulo detenta, cùm execta lingua Terei crudelitatem & iniuriã eloqui non posset, in pannum hoc ipsum facinus literarum notis intexuit, eúmque ad sororẽ perferendum curauit. Quo inspecto, & coniugis perfidiam & germanæ casum Progne comperit. Quamobrẽ sacra celebrare Libero patri constituens, more bacchantis ad stabula properat, sororémque è carcere liberatam, secũ in Regiam adducit.

ENARRATIO.

Vt mortem Progne, commentaq́; fata sororis
  Accipit, ingenti corda dolore grauat.
Exuit auratas vestes, nigrasq́; resumit,
  Ac falsis manibus mœsta sepulchra struit:
Intereà pannos texit Philomela recentes,
  Queîs notat horrendum littera picta scelus.
Deferriq́; iubet vestes ad limina Prognes,
  Agnoscit Terei crimina fœda soror,
Intextumq́; legens carmen miserabile panno,
  Præ mœrore graui fletibus ora rigat.
Tempus adest, Bromei festum celebrare Lyæi,
  Solennes ritus fertq́; statuta dies:
Egreditur Progne laribus iam nocte silenti,
  Et simulat furias ebrie Bacche tuas.
Concita per sylvas currit, stabulisq́; propinquat
  Irrumpens claustrum quo Philomela sedet,
Liberat & miseram sæuo de carcere mortis,
  Cum Progneq́; subit regia tecta soror.

ALLEGORIA.

Sedulitate sua corpus Philomela redemit,
  Dum tacita præstans arte parauit opus.
Texit & gracili teneram discrimine telam:
  Non sedeat mulier desidiosa domi.
Net, suat, aut bibulas intingat murice lanas,
  Fœmina torporem nanq́; pudica fugit.
Dedita lanarum studio Lucretia laudem,
  Et propter telam Penelopea tulit.

Progne trucidat sobolem suam. VIII

PRogne sororis casu, & mariti facinore cō-
mota, filium suum Ityn occidit, & dapi-
bꝰ miscuit. Cū autē Tereꝰ inter epulādū Ityn
desideraret, caput eius sorores in sinum Tyranni proiecerunt, dicentes: Intus habes quē
desideras. Intelligens ergò Tereus scelus sce-
lere punitum esse, sororem coniugis persequi
tur, sed ea Deorum voluntate in Lusciniam,
Progne in Hirundinem: & ipse Rex in vpupā
euaserunt.

ENARRATIO.

Ob crudele nefas Prognes exæstuat ira,
 Quę scelus in sobolis viscera triste parat.
Paruus Itys propriæ transfigitur ense parentis,
 Sectaq; mox calidis membra coquuntur aquis.
Pars stridet verubus, caput à ceruice reuulsum
 Abditur, ad solitas rex venit ipse dapes.
Conijcit inq; suam sua viscera nescius aluum,
 Pòst vbi sit dubio pectore quærit Itys.
Prosilit, atq; caput pueri Philomela cruentum
 (Vlta velut facinus) mittit in ora patris.
Territus exurgit rabida feritate Tyrannus,
 Cecropidas stricto protinus ense petens:
Vtraq; sed leuibus medio volat aëre pennis,
 Altera amat syluas, altera tecta subit:
Thracius in volucrem, quæ gestat vertice cristas
 Mutatur, solito nomine fertur Epops.

ALLEGORIA.

Vpupa stercoribus gaudens & fœda volucris,
 Immundos homines & fera monstra notat.
Hac quia sordidius nihil est, rostroq; minaci
 Infestat reliquas hæc petulanter aues,
Sordibus immergunt sic se plerunq; Tyranni,
 Et contra miseros arma seuera parant.
Sed pia quæ suaues edit luscinia cantus,
 Lucida fert iusti signa notasq; viri.
Sæpius ille Dei secum benefacta reuoluit,
 Ac Domini laudes factaq; magna canit.

Orithyia à Borea rapta. IX.

AQuilo cùm Orithyiam regis Atheniē-sium Erechtei filiā amaret, nec vllis precibus à parentib9 impetrare posset, vt ipsi puellam in matrimonium darent, viribus suis vsus, Athenas deuenit & virginē raptā in Thraciam deportauit: vbi ab ipso grauida facta, gemellos peperit Zethem & Calaim quorū postea humeris alæ volucrum increuerūt, vt ni mirum parentis quoque imaginem, aliqua ex parte, referrent.

OVID. I. METAM.
ENARRATIO.

Regis Athenarum Boreas adamabat Erechthei
  Natam, cui nomen Orithya fuit:
Flectere sed nulla potuit ratione parentes,
  Ambos vt siuerent foedus inire tori:
Blanditias Aquilo precibus coniunxit honestis,
  At nil blanditiæ, nil valuere preces.
Viribus ergò Deus validisq; furoribus vsus,
  Flamine mox terras, & freta dira mouet.
Orithyian atrox rapit, atq; potitur amore
  Virginis, & foedus conjugiale ferit.
Dehinc ea fit genitrix geminos enixa puellos,
  Qui referunt matris corpus & ora suæ.
Implumes pueri lucis nascuntur ad auras,
  Ventosi pennas post genitoris habent.

ALLEGORIA.

Inditur amborum soboli natura parentum,
  Attica quam coniux ex Aquilone parit:
Rarius hoc ipsum fieri, sed constat in æuo,
  In peius nati degenerare solent.
Maiorum flectunt procul à virtute minores,
  Pro vitaq; viam perditionis eunt.
Cognita mansuetum celebrat clementia Cyrum,
  Cur non Cambyses signa paterna gerit?
Nobilis haud virtus carnali semine manat,
  Clarum ceu patrio sanguine stemma venit.
Nec Deus ad certos strictim sua dona penates
  Alligat, exultet ne petulanter homo.

FINIS LIB. VI.

OVIDII METAM.
LIB. VII.
Iason & Medea. I.

IAsoni Thessalo Aesonis filio, Pelia Neptuni filius suasit, vt in Colchos Asiæ regionē ad vellus aureum apportandum, proficisceretur, sperans eū vel in mari vel peregrina terra interiturū Huius igitur monitis auscultans Iason, collecta non exigua Greciæ iuuētute, Argóque naue fabricata, profectionem instituit, vtque Aetæ, Solis filij, regiam contigit, Medea Regis filia eius pulchritudine permota occultá ei rapiendi velleris arte cōmunicauit.

OVIDII METAM.
ENARRATIO.

Thessaliæ proceres in Colchida transuehit Arg
    Quos inter principes Æsone natus erat.
Vnanimes optant phryxea pelle potiri,
    Incutit ast illis vox truculenta metum.
Nam rex horrendos feros exantlare labores
    Hosq; pericla prius dura subire iubet.
Taurorum fuerant (rapidum qui naribus ignem
    Efflabant) curuo colla domanda iugo.
Armatasq; manus bello superare decebat,
    Anguis atrox somno post reprimendus erat.
Hæc Argonautæ capiunt responsa dolentes,
    Ast Aetiades cor nouus vrit amor.
Formosi pariter mens ardet Iasonis æstu,
    Hinc animo secum multa vagante putat.
An sinat Heroem tristi succumbere letho,
    Consulat an patriæ turbida scire nequit.
Arridet iuuenis, sed dedecorare parentes
    Horrescit: tandem vincit amoris vnus.
Æsoniden Colchis secretas addocet artes,
    Aurati donum velleris vnde tulit.

ALLEGORIA.

Mens tibi Medeæ partes distracta per omnes,
    Aspera continuò prælia Marte notat.
Affectus (amor, ira, metus, dolor, atq; voluptas)
    Qualia cœlesti cum ratione gerunt.
Inter eos atrox, horrendaq; lucta resurgit,
    Fœlix qui motus scit superare suos.

Iason sopit Draconem. LI.

CVm Iason Medeæ fidem coniugij promisisset, ipsa tauros spirantes ignem, armatósque milites & draconem peruigilé auratum vellus simul custodientes, magicis quibusdam carminib' iuueni parere coëgit, adeò vt tauri se iugo submitterent, & armatorum manus in se conuersa, mutuo bello concideret, Draconis autem oculi somno implicarétur. Quibus gestis Iason ablato vellere, vnà cum Medea Corinthum abiit.

ENARRATIO.

Colchidis auxilio fretus certamen Iason
  Aggreditur fuluum vellus vt inde ferat.
Rex & turba frequens in Martis conuenit aruum
  Æripedes adsunt igniuomiq; boues,
Hos ac mansuetos iuuenis submittit aratro,
  Vipereos dentes postea condit agro.
E quibus emergit cito gens clypeata virorum,
  Horrida quæ valida concutit arma manu:
Inq; caput iuuenis fera spicula torquet & enses,
  Carmen sed magica Phasias arte canit.
Quo mox terribiles Martem conuertit in hostes,
  Hinc intestina clade caterua perit.
Deniq; peruigilem restat sopire draconem,
  Æsonidi faustum cessit & illud opus.
Spargit enim monstrum lethæi gramine succi,
  Obruit vnde cito lumina clausa sopor.
Aurata lætus sic pelle potitur Iason,
  Cumq; noua patrium coniuge limen adit.

ALLEGORIA.

En mundanus homo nummos inquirit & aurum,
  Ac bona sudato fluxa labore capit:
Sed vir cœlestis thesauros colligit istos
  Furis auara nequit quos rapuisse manus.
Colchidos instinctu ceu vellera portat Iason,
  Sic æterna Dei dona parantur ope.
Diuitias Christus nobis ostendit optimas,
  Huic desponsatus præmia larga feret.

Medea implorat auxilium Deorum. III.

IAson postquam Medeam secum abductam in Græciam transportauit, petiit ab ea, vt Æsonem parentem iam decrepitum, & extrema senectute grauatum, in adolescentiam suis artibus reuocaret. Cuius precibus vxor amore, quem ex iuuentute coniugis cœperat, obtemperans, Deorũ auxilium implorat, & deinceps varia herbarum genera, variis ex regionibus conquisita, colligit. quibus Æsoné decrepitum senem in floridum ætatis virilis statum reducit.

ENARRATIO.

Æsonius iuuenis patrias animosus ad aras,
  Aurea cum sociis vellera portat onus.
Gratantur natis iucunda voce parentes,
  Fœlicem reditum donaq́; læta ferunt.
Solus abest Æson letho iam proximus atro,
  Dum grauat annorum copia multa senem.
Protinus vxorem precibus demulcet Iason
  Orans, ne patri ferre recuset opem:
Sed tam decrepitum iuuenilibus induat annis,
  Vt vita possit commodiore frui.
Obsequitur Medea viro, magicasq́; per artes
  Aggreditur facilem nocte silente viam,
Phœbes & Hecates summisso poplite numen
  Inuocat, ac duplices tendit ad astra manus:
Post varias (curru volitans) regionibus herbas
  Atq́; genus picti graminis omne legit.

ALLEGORIA.

Æsonis effigie letho vicina senectus,
  Quem premit ille vetus significatur homo:
Qui peccatorum decumbit mole grauatus,
  Et quasi mortifera peste laborat inops.
Omnis ab antiquo ducit qui semen Adamo,
  Annosum refert decrepitumq́; senem.
Cui motus, cui sensus abest, omnisq́; facultas,
  Qua vitæ possit consuluisse suæ:
Vana creaturæ sed nil medicamina prosunt,
  Pellit eam Christi gratia sola luens.

Aeson decrepitus fit iunior. IIII.

Medea innumerabilia herbarum genera hinc inde colligés, eas aheno igni feruenti imposito coxit, & cùm animaduerteret stipitem, quo versabat illas, in arborem oleā baccis refertam esse commutatū, & ea quæ ex aheno despumato in terram deciderat in herbam statim lætissimam conuersa, mox Æsonis iugulum gladio resoluit, & loco effusi sanguinis, vulneri madéres herbas inseruit, vnde senex in pristinum iuuentutis vigorem restitutus est.

OVIDII METAM.

ENARRATIO.

Æsonis effœtum iam portabatur ad aras
  Corpus, vt intraret tabida membra vigor.
Herbarum calido feruet medicamen aheno,
  Colchis & arenti stipite versat olus.
Induit hic virides paruo pòst tempore frondes,
  Crescit oliuarum copia deinde frequens.
Sic qua fortè cadit de spumis guttula, passim
  Vernat humus (mirum) gramine læta nouo.
Hæc vt Saga videt, stricto mucrone resoluit
  Ipsa senis iugulum, sanguis it inde vetus.
Vulnera sed succis Medea recentibus implet,
  Caniciem subito barba, comæq́; fugiunt.
Pellitur hinc macies, cedit de corpore languor,
  Nec prius vt faciem ruga senilis arat.
Æstates quatuor denas reminiscitur Æson,
  Se natum viuo membra colore valent.

ALLEGORIA.

Decrepitus velut hic lethali stringitur ictu,
  Post illum noua lux, vitaq́; recensq́; manet:
Haud aliter, nouus vt superas generetur ad auras,
  Est vetus in veteri carne necandus homo.
Certus adest medicus, qui nos iam morte sepultos,
  Ad vitam reuocet, Christus in arce patris:
Hic animo (vita verbo) torpente veternum
  Eximit, hic sanat fonte perennis aquæ.
Huic se credat homo soli, nam præter eundem
  Sanandi nullum vim medicamen habet.

Pelias

Pelias cum filiabus. V.

PEliades, Peliæ filiæ, cùm arietem senio cófectum, à Medea in agnum transfiguratû viderent, eam rogabant, vt parenti Peliæ iam decrepito simili suam iuuentutem arte restitueret. Hæc igitur senem, Iasonis inimicum vlcisci cupiens, filias ad parentem interficiendû impulit, laceratáque membra in feruens ahenum demittere præcepit. Hoc ita facto, senex miserabiliter periit, ipsa verò Medea currum draconibus iunctum conscendens, è conspectu inimicorum aufugit.

OVIDII METAM.

ENARRATIO.

Assimulat Cholchis odium cum coniuge sæuum
  Iairio Peliæ limina tristis adit:
Excipiunt natæ profugam queis pòst vbi narrat,
  Aesona iam veterem deposuisse cutem,
Obtestantur eam simili reuirescat vt arte,
  Debilis ipsarum decrepitusq; parens.
Spondet opem Medea suam: medicamine nostro
  Agnus ait fiet dux gregis inter oues.
Protinus innumeris aries trux obsitus annis,
  In signum crudo vulnere cæsus obit.
Iniicitur patulo pòst herbis mixtus aheno,
  Longeuæ pecudis fœda senecta fugit.
Prosilit ære cauo tener & placabilis agnus,
  Natarum Peliæ corda pauore tremunt.
Induat haud alia nitidam ratione iuuentam
  Effœto Pelias corpore Phasis ait:
Vos iuuenes igitur iugulum mucrone parentis
  Soluite, quo sanguis profluat inde vetus.
Expediunt natæ fera iussa, senemq; trucidant,
  Arripit hinc celerem Colchis iniqua fugam.

ALLEGORIA.

Ceu miser iste senex magica deceptus ab arte,
  Immeritus diro funere mortis obit:
Sic hodie multis incitamenta malorum
  Duriter imponunt exiliumq; ferunt.
Nemo se magicis concredat fraudibus vnquam,
  Ni consors rabidi dæmonis esse velit.

Cygnus Hieres filius in Olorem. VI.

Cvm Phillius quidam graui amore Cygni filij Hieres captus esset, & multa imperio pueri peregisset, tandem taurum ei domitum denegauit. Quamobrem ægro & molesto animo ferens Cygnus Phillij contumaciam, ex altissimo monte in terras se præcipitauit, sed miseratione Deorum in Olorem auem conuersus est, & Hiere mater eius flendo in stagnum delicuit.

ENARRATIO.

PHillius immenso Cygni detentus amore,
   Illius imperio multa molesta tulit.
Tradiderat puero volucresq; ferumq; leonem,
   Pòst etiam Taurum vincere iussus erat:
Phillius eximio mox robore vincet eundem,
   Sed bouis huic domiti præmia summa negat:
Hinc puer indignans, saxo se mittit ab alto,
   Pennis at niueis aëre pendet olor.

ALLEGORIA.

Est hominis iusti clarißima Cygnus imago,
   Qui salit ex alto tristis ad ima loco.
Sic humili se corde pius demittit, at illum
   Eleuat, & cœli tollit ad astra, Deus.
Hinc homo fit diuinus olor, quem candida vestis
   Induit, & cuius mens renouata nitet.
Ater & est pedibus, fastuq; remotus ab omni,
   Nec talem mundi gloria vana rapit:
Oblongumq; tenet collum, prudenter & aptè
   Omnia discernit, cuncta scienter agit.
Obtuso cygnus tranat vaga flumina rostro,
   Sic ornat iustum vox moderata virum.
Sæpius hic etiam puro se perluit amne,
   Viuaq; cœlestis flumina fontis amat.
Deniq; cum letho grauat hunc vicina senectus,
   Argutâ resonans carmina voce canit.
Extollitq; Deum commissaq; crimina deflet,
   Perq; necem vitæ limina lætus adit.

Medea suos occidit liberos. VII.

Reuersa tandem in Thessaliã Medea, postquam vidit Creusam, Creontis Corinthiorum regis filiam, ab Iasone sibi prælatam & in matrimonium ab eodem ductam esse, aulam furibunda incendit, & ita Creusam vnà cum patre combussit. Natos etiam suos ex Iasone susceptos, in conspectu coniugis crudeliter mactauit, itáque iniuriam, quam sibi putabat ab Iasone illatam, extrema quadam immanitate vindicauit.

ENARRATIO.

Crudelis tandem proprios Medea penates
  Quærit & Æchonidis regia tecta subit:
Ille nouas alia celebrat cum coniuge tædas,
  Nec prius vt veterem Colchida nosse cupit:
Hæc igitur magicas extemplo consulit artes,
  Occidat & flammis vt noua nupta, facit.
(Conflagrat penitus limen regale, parensq́;
  Iuterit, & proles igne Creusa perit.)
Deniq́; quos proprios suscepit Iasone natos
  Transfodit, & diro vulnere membra secat.
Æsonides facinus spectans immane furoris,
  Et luctus pariter corda repleta gerit,
Phasiadiq́; necem sauus minitatur atrocem,
  Aspera sed pellax effugit arma viri.

ALLEGORIA.

Sic delicta Deus delictis punit acerbis,
  Texitur à Sathana longua catena mali.
Crimina criminibus glomerat deterrimus hostis,
  Seraq́; tunc multo pœna dolore venit.
Felici primò fruitur præclarus Iason
  Sorte, sed ambiguo tristia fine cadunt.
Auratum iuuenis vellus cum coniuge portat,
  Quo gaudet patriam victor adire domum.
Ante oculos tandem, tristissima fata suorum
  Obuolitant, natos mater iniqua necat.
Pestis auaritiæ tantos fert noxia fructus,
  Hæc & lasciuus præmia reddit amor.

Hercules & Cerberus. VIII.

Medeam Athenas profectam, Rex Ægeus & hospitio suscepit, & matrimonio sibi iunxit: huius filium Thesea, cùm ille variis laboribus fessus, ignota hospitis specie, domum rediret, Medea pertimescens, ei venenũ, quod aconitum nominant, apparauit. Nam Hercules ab inferis canem tricipité olim ad superos eduxit: is ex aere non cõsueto euomuit spumá quæ in herbam venenosam, quod aconitũ appellatur, est conuersa. At Theseus à poculis, monitu parentis abstinens, seruatus est.

OVIDII METAM.

ENARRATIO.

Colchida pòst Ægeus thalami sibi fœdere iūgit
 At Theseus aberat tum procul arce patris:
Qui tandem rediens variis erroribus actus,
 Ignotus patrium limen (vt hostis) adit.
Saga sed attulerat Scythicis aconiton ab oris,
 Virus Echidneæ dicitur esse canis.
(Infernas etenim sedes Virinthius Heros
 Aggrediens, secum Cerberon inde trahit,
Qui superis vescens auris, è dentibus albas
 Eructat spumas, quas Aconita vocant.)
Hospitis hoc miscet calici Medea venenum,
 Proponit nato pocula dira pater.
Ensis at in capulo generis monumenta vetusti
 Conspicit, hinc illi Thesea nosse datur:
Pestiferos igitur potus excussit ab ore,
 Effugit Ægides hac ratione necem.

ALLEGORIA.

Sic Deus & media quos vult in morte tuetur,
 Hostica nec semper tela nocere solent:
Herculis exemplum cui Cerberus ipse catenis
 Paruit astrictus, nos quoq; magna docet.
Inprimis hinc fortis homo se vincere discat,
 Cerberon heu proprio corpore quisq; gerit:
Cuilibet impurum peccati virus adhæret,
 Affectus quatiunt pectora nostra graues.
Hos vincire decet, rabidumq; euellere monstrum
 Cordibus; hæc præstans est generosus eques.

Minos, Cephalus, & Aeacus. IX.

CVm Minos rex Cretensium cū Athenie͏̄-
sibus bella gereret, multæ ex Cycladi-
bus insulæ ab eo defecerunt. Iustis igitur ad
expeditionem bellicam destitutus copiis, ab
Aeaco Oenopiæ rege aduersus Athenienses
præsidia poposcit, sed repulsam passus, ingenti luctu discedit. At vbi Cephalus Procrin, regis Atheniensium filiam, coniugio sibi iunctā
habens, auxilia petiisset pro Atheniensibus,
humaniter ab Aeacidis & acceptus, & voti sui
compos factus est.

OVIDII METAM.

ENARRATIO.

Mutua Cecropides & Cretam prælia vexant,
  Rex igitur Minos tendit ad Oenopiam.
(Aeacus hîc sedem regnumq́; tenebat autum,)
  Auxiliatrices poscit & inde manus,
Ac belli vires contra sibi quærit Athenas,
  Cumq́; viro pacis iungere fœdus auet.
Ast Asopiades Cretensis vota refellit,
  Nulliusq́; preces ponderis esse sinit.
Mœstus abit Minos: paruo post tempore velis
  Concita ventosis Attica classis adest:
Aeolides vna Cephalus venerabilis heros
  Aduenit, & formæ dona priora gerit.
Regales intrat portus, belloq́; precatus
  Auxilium, pacis fœdera sancta rogat:
A Minoe peti petulanter Acheida narrans,
  Aeacus huic læta mente spopondit opem,
Præsidiumq́; viros, ac robora plurima iussit
  Sumere, nam vario milite diues erat.

ALLEGORIA.

Fœdera sic reges inter se mutua pangunt,
  Et iuramentis ludere sepe solent,
Astragalis velut est pueris certare voluptas,
  Sed iurata fides non diuturna manet.
Vna dies regum socialia vincula rumpit,
  Paruaq́; συμμαχιας dissipat hora ducum.
Non è principibus luteo de puluere cretis
  Pendet, at è summo vita salusq́; Deo.

Descriptio pestis in Aegina. X.

Aeacus rex Thessaliæ Iouis & Aeginæ filius, cùm Oenopiam, seu'vt Straboni videtur, Oenomiã insulam cõiugis nomine pòst Aeginam quoque appellatá incoleret, grauis pestilentia eã inuadebat, adeò vt infecto aere, terra, gramine, fontibus, & pecorum, & hominum incredibilis copia caderet, & locus iste populis penè totus euacuaretur. Hanc miserãdam stragem ira Iunonis Aeginetis immissam, Aeacus Cephalo luculenter commemorat.

ENARRATIO.

Aeginam pestis quondam violenta premebat,
  Atraq́; pascebat tabida membra lues.
Aestus lethifero calidus properabat ab austro,
  Ipsaq́; iam vitium concipiebat aqua.
Aer, terra, fretum virus penetrabile sentit,
  Horrenda volucres strage canesq́; ruunt.
Euenit & medio tauros occumbere sulco,
  Lanigeri pereunt sponte per arua greges.
Acer equus diro cadit ad praesepia morbo,
  Robora nec prisci cerua vigoris habet.
Obruit extremo clades haec saeua colonos,
  Serpit & in multos pestis acerba viros.
Funera matrona natis mixtáq; maritis
  Languentes obeunt, strage repletur humus.
Sternunturq́; solo defuncta cadauera passim,
  Et sua cuiq́; domus exitialis erat.

ALLEGORIA.

Aeacus haec narrat Cephalo deterrima cladis
  Fata, quibus periit non numeranda cohors.
Scilicet horribilem nobis denunciat iram,
  Suppliciumq́; Dei tam gemebunda lues.
Accidit incerto non pestis noxia casu,
  Poena sed aethereo desilit ista polo.
Flagitiis hominum datur haec aequissima merces,
  Pestilitas nostra nec remouetur ope.
Lethiferi Deus ipse iacit fera spicula teli,
  Non fluet è manibus cui sceleratus homo.

Formicæ in homines. XI.

POst grauem in Aegina insula pestilentiam diu multúmque grassatam, Aeacus tandé precibus & misericordia à Ioue impetrauit, vt euacuata iam insula, quot formicæ in quercu apparuissent, tot versæ in hominum species, desideratam multitudinem explerent. Homines igitur ex eiusmodi animalibus procreati, Myrmidones dicebantur: Formicæ enim Græcè μύρμηκες vocantur, vnde nouis populis nomen Myrmidonum est impositum.

OVIDII METAM.

ENARRATIO.

PEstis vt Aeginam populis spoliauerat ingens,
  Aeacus implorat numina magna Iouis.
Et sibi vel socios inopina morte peremptos,
  Restitui lachrymans voce gemente petit:
Vel pariter gelido condi sua membra sepulchro
  Cum turbis, fatum quod subiere rogat.
Iuppiter exaudit luctus & verba precantis,
  Rebus & est miseris ferre paratus opem:
Sacra Iouis quercus superas tendebat ad auras,
  Hic formicarum plenus aceruus erat.
Ingentes cumulant animalia parua labores,
  Et quærunt multa sedulitate cibum.
Aeacus vt densum miratur et aspicit agmen,
  O mihi tot ciues restituantur ait,
Quot formicarum glomerantur in arbore passim,
  Corpora, vota. Deus mox facit esse rata.
Confestim duro surgunt animalcula trunco,
  Atq; pedes hominum membra manusq; gerunt.
Gente noua gaudet multùm, ciuesq; salutat
  Aeacus innumeros, Myrmidonasq; vocat.

ALLEGORIA.

Paruula permagni specimen formica laboris
  Exhibet, hæc pastum congerit ore suum,
Quo tenuem foueat brumali tempore vitam.
  Verus homo præstans hoc imitetur opus,
Ac dum tempus adest, diuinaq; gratia durat,
  Munera sollicitus non peritura legat.

Cephalus & Aurora.   XII.

CVm Cephalus in monte Hymeto regionis Atticæ venaretur, ab Aurora propter insignem corporis pulchritudinem raptus est. Quem vt comperit Procridis suæ coniugis amore implicitum, à se velle diuertere, fecit vt mutata specie tenderet Athenas, eáque & pollicitis, & muneribus tentaret, an pudicitiam retineret integram. Quo facto, Cephalus fidem coniugis suæ parùm sinceram animaduertit. Pudore autem Procris perfusa, ad vitandū mariti sui aspectum, in saltibus sese occultauit.

OVIDII IAMBI.

ENARRATIO.

Retia cū Cephalus de vertice montis Hymeti,
   Poneret indomitis manè dolosa feris,
Lutea conspexit roseis aurora capillis,
   Et secum rapuit vi petulante virum:
Procris at huic coniux nimium dilecta manebat,
   Sacraq; nuper erant fœdera pacta tori:
Fidus ei Cephalus soli constanter inhæret,
   Pectore Procrin habet, Procrin & ore refert.
Inde domum properat, subitos aurora furores
   Concipit, effigiem dat Cephaloq; nouam,
Ignotaq; virum specie repetisse penates
   Cogit, & vxoris sollicitare fidem:
Ergo domum graditur veluti peregrinus & hospes,
   Procrin & ad Veneris gaudia blanda vocat.
Illa diu renuit, tandem succumbit auaris
   Muneribus, thalami sic violatur bonos.
Pòst vbi cognouit proprium sensisse maritum,
   Perfidiam Procris iuraq; fracta tori,
Mota pudore graui syluas quæsiuit opacas,
   Contristata sui fugit & ora viri.

ALLEGORIA.

Haud est tam solidum vel inexpugnabile quicquã,
   Quod non argenti vis superare queat.
Dira fames auri trahit ad deterrima mentes
   Crimina, nec monstrum fœdius esse solet.
Nodus auaritiæ si quem constringit, ad omnem
   illi virtutem semita clausa manet.

Cephalus & Procris. XIII.

PRocris à marito se deceptam animaduertens, pudore commota, vt conspectū eius vitaret, inter densa nemorum virgulta se abscondidit: Cephalus autem amoris impatientia, cùm vxoris absentiā ferre diutius nō posset, precibus vt ad se rediret, impetrauit. Quæ reuersa, canem ipsi dedit velocissimum, & iaculum ineuitabile, cuius missio nunquā fuit irrita, sed vim feriendi efficacissimam habuit.

ENARRATIO.

Iam procris nemorum densis celatur in antris
    Seq́; viri captam fraudibus esse dolet.
Nec posthac vlli se iungere mœsta marito
    Cogitat, aut priscum rursus adire torum:
Sed syluis potius vitam duxisse iugosis
    Ac dare se comitem casta Diana tibi.
Peruenit at Cephalo vetus ignis ad ossa relicto,
    Querit & vxorem corde dolente suam.
Hanc, postquam reperit, verbis affatur amicis,
    Et sibi dimitti facta dolosa petit.
Æolides simili pariter succumbere culpæ
    Affirmat donis se potuisse datis.
Iccirco veniam poscit peccata fatendo,
    Sollicitas recipit Procris amica preces,
Iungitur inde suo coniux optata marito,
    Vnanimesq́; simul tempora læta trahunt:
Datq́; canem munus Cephalo venerabilis vxor,
    Cui par currendo non canis alter erat:
Dat pariter iaculum certos quo mitteret ictus.
    Pignus & hoc firmi fœderis esse cupit.

ALLEGORIA.

Vincula non leuibus rupisse iugalia causis
    Conuenit, astrictam seu violare fidem:
Consortes inter thalami discordia cadat,
    Nec stabilem teneat lis inimica locum:
Alter & alterius mitis delicta remittat,
    Connubij fœlix sic erit omnis amor.

Procridis mors. XIIII.

CEphalus cū studio Dianæ feras assiduè persequeretur, & nimio æstu refrigerari cuperet, Auram vocabat: Procris autem vxor existimans, maritum Nympham aliquam hoc nomine dictam expetere, in virgultis se recondidit, contemplatura, cuius nam virginis cupiditate Cephalus flagraret. Motis igitur hinc inde virgultis, maritus in his feram latere putans, emisso iaculo, coniugem inscius interfecit.

OVIDII METAM.
ENARRATIO.

Venatum Cephalus chara sine coniuge solus
  (Ceuq́; prius famulis non comitatus) abit.
Nec canibus, nec gaudet equis, nec retia pandit,
  Sed fisus iaculo tentat adire feras:
Pòst vbi lassato manat de corpore sudor,
  Æstus & intenso membra calore grauat,
Prouocat aëriam gelidis è vallibus auram,
  Clamans, ò adsis frigus & aura mihi.
Aura veni, nostrumq́; leues precor aura laborem,
  Sic crebris petitur vocibus aura viro:
Rumor & ambiguus contingit Procridis ædes,
  Quòd Nymphæ Cephalus flagret amore nouo:
Mox igitur nemorum virgultis abditur atris,
  Spectet vt euentum quidq́; maritus agat.
Fronde leuem tenera strepitum mouet æmula Procris,
  Hirsutam Cephalus sed putat esse feram.
Et iaculum celeris, telumq́; volatile mittit,
  Lethiferum coniux pectore vulnus habet:
Hei mihi conclamat, funebria verba maritus,
  Audit & agnoscit Procridis esse sonum:
Accurrit subito tentans inhibere cruorem,
  Illius at viuus deserit ossa calor.

ALLEGORIA.

Suspicione perit Cephali miserabilis vxor:
  Credulitas illi fata suprema tulit:
Qui facile credit, leuitate laborat inani,
  Et per stultitiam tristia damna subit.

FINIS LIB. VII.

OVIDII METAM.
LIB. VIII.
Scylla & Minos. I.

Minos Iouis & Europæ filius, rex Cretensium, cùm ob filium suum Androgeum ab Atheniensibus interfectum, pœnas repeteret, Megæram vrbem, in qua Nisus regnabat, obsedit, sperans hac expugnata, se vniuersam facilè victoriam reportaturum. Interim verò dum vrbs oppugnabatur, Scylla, Nisi regis filia, sæpe murũ, delectationis gratia, conscendit, & animaduertens Minoem regali cultu prope murum equo exultãtem, pulchritudine eius mirum in modum exarsit.

OVIDII METAM.
ENARRATIO.

Obsidet Alcathoen, Minos hostiliter vrbem,
  Et contra Nisum bella superba gerit.
Cornua iam sexti rutilans compleuerat orbis
  Cynthia, cum fato pugnat vterq; pari:
Namq; diu simili victoria lāce pependit,
  Vnius & bellum conditionis erat:
Regia stat turris, muro coniuncta sonanti,
  (Qua referunt Phoebam deposuisse lyram,)
Illuc saepe solet conscendere filia Nisi,
  Hostilles celsa spectet vt arce manus.
En belli procerum iam nomina nouit equosq;
  Minois facie gaudet & illa ducis,
Quem reliquis praefert, habitus laudare decoros
  Incipit, ac tacito carpitur igne viri.
Hinc calido varij surgunt sub pectore motus,
  Intrat et insanus virginis ossa furor.
Dum secum reputat partes distracta per ambas,
  Finiri bellum qua ratione queat.

ALLEGORIA.

Scylla velut speculam scandens lasciua sonantem,
  Cretensis turpi gestit amore Ducis:
Sic homo qui leuiter celsos affectat honores,
  Et mundi titulos ambitiosus amat,
A Sathana rapitur, Minos quem fortis adumbrat,
  Foedus & ad sceleris pellitur omne genus,
Donec ei tradens animam succumbat agone,
  Heu quantum carnis gloria vana nocet.

Scylla patri crines detõdet. II.

Scylla Minoë patriæ suæ hostem perditè amans, nullam aliam genio indulgendi viã reperire potuit, quàm vt parenti suo Niso crinem purpureum, in quo fortitudo regis & salus vniuersæ ciuitatis cõsistebat, abscinderet. Dormientem igitur genitorem capillis spoliauit, & reseratis portis per medios hostes transiens, eos Minoi obtulit, & sic ardenti amore fascinata, de ipso bene mereri cupiuit. Is verò Scyllam conuitiis prosecutus, à se procul abegit.

OVIDII METAM.

ENARRATIO.

IN Minoa fouet cœcas Neseia flammas
   Scylla, nec ardoris vim superare potest.
Nox erat & tenebris, audacia crescit opacis,
   Fessaq́; iam curis pectora somnus habet.
Ingreditur thalamos virgo taciturna parentis,
   Cùm premeret regis lumina clausa sopor.
(Purpureos is enim gestabat vertice crines,
   Maxima qui patriæ signa salutis erant.)
Proinde suis spoliat Nisum truculenta capillis
   Filia, Cretensi munera fertq́; Duci.
En ego nunc, inquit: furtiui pignus amoris
   Apportans, patriam sic tibi trado meam.
Accipe purpureum crinem, nec mutua posco
   Premia, sed tantum sim tua tota precor.
Dij te summoueant, Minos respondet, iniqua,
   Cogitur & turpem mox dare Scylla fugam.

ALLEGORIA.

Fœminei sexus mores tibi filia Nisi
   Exprimit: hæc patriæ fert nocumenta sua.
In propriumq́; ferox molitur fata parentem,
   Heu quam sæpe capit cor muliebre viros.
Amittit simili Samson ratione capillos,
   Qui virtute comæ multa stupenda facit.
Cui leo terribili discerpitur ore cruentus,
   Cuius & hostilis robore turba cadit.
Fœmineo tandem miserè delusus amore
   Vincitur, & tristi funere mortis obit.

Scylla in auem. III.

CVm Minos purpureo crine, quo à Scylla donatus erat, adiutus vrbem Megærã expugnasset, tandem in patriam suam proficisci cogitauit. Quem in nauem vnà cũ exercitu ingressum Scylla magno clamore & gemitu secuta est, etiam atque etiam petens, vt se cum ipso adduceret: Abnuente autem istud Minoë, manibus inhærebat naui, quam pater Nisus, in Haliætum volucrem cõmutatus insequebatur, pœnam de filia sumere volés, sed & ipsa in Cirim auem subitò conuersa est.

OVIDII METAM,

ENARRATIO.

Alchatoë cœpit Scylla cum Gnoßius vrbem
   Præsidio, leges hostibus imposuit,
Extemploq; ratis solui retinacula iußit,
   Contendens patrios rursus adire lares:
Scylla sed æratas cernens abscedere puppes,
   Præmia flagitij larga referre cupit,
Minoisq; diu precibus deposcit amorem
   Innumeris, optans tecta videre Ducis:
At nihil efficiens rabidam se vertit ad iram,
   Acriter & dictis ceu furibunda tonat:
Exprobrans duris regi data munera verbis,
   Et meritum luget sic periiße suum:
Insequitur tandem virgo complexa carinam,
   Hanc pater, vt cernit, nunc Haliætus auis
Aduolat, vt laceret: Ciris fit Scylla volucris.
   Scilicet à tonsis nomen adepta comis.

ALLEGORIA.

Virgo quæ patriam Niseia prodidit hosti,
   Tantis pro meritis præmia nulla capit:
Sed deserta sui discedit ab ore parentis,
   Nec scit quò faciem vertere tuta queat:
Sic Sathanæ qui se credit, patremq; benignum
   Deserit in cœlis, postmodò viuet inops.
Huic deplorato non auxiliabitur hostis
   Tempore, præsidium nec feret ipse Deus.
Fallitur haud unquã Domino qui firmus adhæret,
   Interit at Sathanæ qui famulatur homo.

Theseus Minotaurum vincit. IIII.

Minos victor cum Atheniensibus stipêdium imposuisset, vt videlicet nobiliũ nonnulli quotannis ad Labyrinthum in Cretam, à Dædalo artificiosè extructum, mitterêtur, qui Minotauro (quem Pasiphaë, Solis filia Minois vxor, eiusdem Dædali fabri ope iuncta tauro, enixa fuerat) erant obiiciendi: Tertio stipêdio Theseº Aegei & Aethræ filiº in Cretam insulam deuectus, Ariadnæ Regis filiæ, quæ iuuenis amore arserat, ope & consilio periculum capitis effugit.

ENARRATIO.

Dædalus, ingenio faber & præstabilis arte
 In Creta flexo tramite ponit opus.
Huius in errorem seducunt limina quemuis,
 Irremeabilibus nempe referta viis.
Qua Minotaurus monstrum crudele locatur,
 Semibouis fuerat cuius imago viri.
Claudunturq; simul bello deuicta superbo
 Corpora, quæ monstri sanguine guttur alant.
Thesea post etiam iuuenem sors aspera tangit,
 Sed bona præsidium fert Ariadna viro:
Ostenditq; modum possit quo vincere taurum,
 Ac retro dubium voluere certus iter:
Namq; picem, fusumq; iubet portare globosum,
 Perq; recuruatas ducere fila vias.
Dehinc monstri lento replere bitumine fauces,
 Obsequitur Theseus, conciliumq; probat.
Et Minotauri sic turgida colle recidens,
 Fraudibus exuitur, quas labyrinthus habet.

ALLEGORIA.

Fert Minotaurus Sathanæ simulachra ferocis,
 Guttur qui latè pandit inane suum.
Humaniq; nequit satiari sanguinis haustu,
 Ægidis Christus grandia facta notat,
Perplexas cœci latebras qui lustrat Auerni,
 Plutonis frangens imperiumq; necis.
Prodit & è tumulo lucem rediuiuus ad almam,
 In cœlum pariter læta trophæa refert.

Dædalus & Icarus. V.

Dædalus Eupalami filius, de quo suprà dictum, vbi propter commissa ex labyrintho, in quem vnà cum filio suo Icaro clausus erat, aufugere vellet, pennas sibi & filio aptauit, quibus subleuati, vt volucres, Regis ita Minois imperium euitarunt. Verùm Icarus quia patris obtemperare præceptis nequiuit, ex alto in maris insulam decidit, quæ deinde eius nomine Icaria dicta est. Dædalus autem sepulto filio, in Siciliam ad Cocalum Regem peruenit.

OVIDII METAM.
ENARRATIO.

Icarus & genitor labyrintho clausus vterq;
    Arte, nouaq; sibi consuluere fuga.
Pernices membris quia Dædalus applicat alis,
    Et pennis cœli tentat adire plagas,
Præcipit & puero tenues volitare per auras,
    Extemploq; patris tollere corpus humo,
Illius & plumas humeris affigit, vt alto
    Aëre ceu volucris carpere posset iter.
Inde secant ambo plaudentibus æthera pennis,
    Gnosiaciq; cauent hac ratione minas.
At puer audaci regnum sublime volatu
    Appetit, & lapsu præcipitante ruit,
Dumq; patris temere monitus ac iussa relinquit,
    Æquoreo pennas amne solutus, obit.

ALLEGORIA.

Ceu labyrinthæis opifex ambagibus errat
    Clausus, & hunc monstri terret imago feri:
Sic animas hostis moribundo carcere strictas
    Angit & oppugnat, nec patet inde fuga.
Ni sit homo prorsus terreno exutus amore,
    Adq; Deum precibus sobria corda leuet.
Æthereasq; petat (solers vt Dædalus) auras,
    Et quærat superas limina sancta domos:
Gratia sed Christi leuibus nos instruit alis,
    Haud quicquam nostra perficiemus ope.
Quisq; suis tentans metiri viribus astra,
    Icarus vt rapidis morte peribit aquis.

Perdix puer in auem. VI.

PErdix auis cùm Dædalum suum ipsius filium sepelientem videret, miro eius casu lætata fuit, nuper enim in auem transmutabatur. Erat autem filius Cali Atheniensis Dædalo à matre, sorore nimirum eius, propter consanguinitatem commendatus & in disciplinā traditus, qui singulari ingenii acumine primò serrarum & Circini vsum inuenit, quam ob causam à magistro exosus, de muro præcipitatus est, cui decidenti Minerua opem tulit. & eum medio volatu, in auem sui nominis cōuertit.

ENARRATIO.

Dædalus vt natum tumulo mandauit, ab alta
   Triste videns Perdix ilice plausit opus,
Declarans pennis & læto gaudia cantu,
   Hæc puer antè fuit, factaq; nuper auis:
Tradit enim fratri sobolem germana docendam,
   Eissenas hyemes post vbi natus agit.
Ille sed ingenio præstans & acumine mentis,
   Doctorem celebri vincit in arte suum.
Cui dentata prius reperitur serra, deinde
   Circinus, hinc cedunt commoda multa fabris.
Inuidet ast illi præclarum Dædalus omen,
   Et mox præcipitem Palladis arce iacit.
Mentitus lapsu puerum cecidisse dolendo,
   Hunc tamen auxilio casta Minerua fouet.
Reddit eum volucrem, pennis & in aëre vestit,
   Illaq; perdicis nomen vt antè gerit.

ALLEGORIA.

Sustinet inuidiam fruitur qui sorte secunda,
   Cuiue Deus mentis suppeditauit opes.
Liuor præcipuè regnat sublimibus aulis,
   Alter & alterius nil rationis habet.
Fortior infirmum turbat maiorq; minorem
   Supprimit, hic odiis pectora dira scatent.
Proh dolor & latum scelus hoc irrepsit in orbem,
   Accipiter turdos ceu laniare solet.
Et miseras coluber velut infestare lacertas,
   Sic perit inuidia sæpe benignus homo.

Meleager

Meleager in venatione aprum interemit. VII

Oeneus Rex Aetoliæ, Parthaonis filius, quia in sacrificio cogendorum fructuũ, de industria præterierat Dianã, ab ea horrendus quidam Aper in Calidoniæ agros, vt omnes segettes euerteret, imissus est. Perseueráte autem Oeneo in despectu Deæ, Meleager iussu parentis, conuocatis Græciæ principibus, ad venationem apri aggressus est, cui negocio etiam Ataláta Schœnei, Arcadiæ regis filia, in tererat, quá Meleager deperibat. Ab hac etiã aper primo vulneratus, deide à Meleagro ireptus fuit.

ENARRATIO.

Munera plena Deis anni successibus Oeneus
   Offert, & cunctis sacrificare studet.
Præterit at solam cui non dat thura dianam,
   Et merito castam priuat honore Deam.
Hinc furor exardet Triuiæ nec ferre nefandum
   Hoc scelus & regis facta superba potest.
Protinus Oeneios horrendum mittit in agros,
   Qui perdat segetes aruaq; vastet, aprum:
Illius igne micant oculi sæuoq; cruore,
   Ac setæ veluti cuspis & hasta rigent,
Huic quoq; spuma fluit calidis è faucibus alba,
   Igniuomo dirum fulmen & ore cadit.
Conculcat passim sata læta boumq; labores,
   Palmite cum grauido mitis oliua perit,
Sæuit & in pecudes nec eum rabiosa canum vis,
   Nec pastoralis pellere turba valet:
Conueniunt igitur clara de gente Pelasga
   Venandi studio præcipueq; Duces.
Strinxit Athalante virgo pulcherrima primùm,
   Vulnere confecit post Meleager aprum.

ALLEGORIA.

Hic designat aper plenum feritate Tyrannum
   Qui proculcando perdere cuncta solet.
Expectat miseras inflata superbia pœnas,
   Ac spretus vera relligionis honor.
Vnius interdum subitas fert noxa ruinas,
   Et commissa ducum subdita turba luit.

Meleager & Athalante. VIII.

Meleager Oenei filius, apro iam interfecto, caput & exuuias virgini Atalantæ, quòd aprum primò sauciasset, lubens concessit. Quod cùm eius auūculi Plexippus & Toxeus, quorum pater Thestius erat, conspicerent, molestia maxima sunt affecti: Exuuias igitur virgini eripientes, suo sanguine pœnas temeritatis pependerunt. Meleager enim irritatus magno cum impetu in eos inuasit, & omnes telo trucidauit.

ENARRATIO.

Vt generosus aprum tetigit Meleager acuta
   Cuspide lethali vulnere casus obit.
Huic igitur ferro caput exitiabile scindit,
   Diripit & rigida tergora pellis ouans:
Sed quia virgo feram primùm Nonacria telo
   Strinxerat, hanc partem laudis habere sinit.
Protinus exuuias dat præmia magna puellæ,
   Dat caput abscissum spontè furentis apri.
Inuidiam reliquis peperit laudabile donum,
   In totóq́; sonans agmine rixa fuit.
Thestiadæ fratres per vim data munera raptant,
   Fortis at Oenides talia ferre nequit.
Stringit in agnatos gladium commotus ab ira,
   Ińq; viros nudo percitus ense ruit.
Mollia Plexippi demittit in illia ferrum,
   Principiò validum Toxea deinde petit,
Amborumq́; suo prosternit corpora telo,
   His ita sublatis præmia virgo refert.

ALLEGORIA.

Mutua cognatos inter miserandaq́; cædes
   Exoritur, sæuo bellaq́; Marte vigent.
Occumbunt bini truculento vulnere fratres,
   Queis leuis ambitio fata cruenta tulit:
En super exuuiis contentio dira mouetur,
   Nec paucos hodie perdit inanis honor.
Rebus & è leuibus rixa nascuntur atroces,
   Publica quæ secum lataq́; damna trahunt.

Meleagri interitus. IX.

Althæa mater Meleagri, postquã fratres suos à filio interemptos esse accepit, stipitem fatalem à Parcis absconditum, in quo vita Meleagri consistebat, flamma perussit, quo absumpto, Meleager etiam extinctus est. Hoc autem defuncto, sorores ipsius interitum deplorantes, inter lamentandum in volucres cõuersæ, déque fratris nomine Meleagrides sunt cognominatæ.

OVIDII M. ETAM.
ENARRATIO.

Germanos postquam proprios Althæa necatos
 Accipit, immenso corda dolore grauat.
Et lachrymans vrbem mœstis vlulatibus opplet,
 Mutat & auratas vestibus illa nigris:
At simul autorem cædis cognouit acerbos,
 Matronæ gemitus mœror & ira tulit:
Concita nam varios motus in pectore versat,
 Et struit in natum funera dira suum.
Stipes erat, filum nentes fatale Sorores,
 Olim flammato quem posuere foco,
Perderet vt vitam combusto torre caducam,
 Oenides (Parcis lex ea certa manet.)
Thestius at fœtum tenues vbi mittit in auras,
 Flagrantem ramum protinus igne rapit,
Abscondens & eum plures extendit in annos,
 Ætatem sobolis, fataq́; sæua fugat:
Nunc verò nati facinus cùm lugubre cernit,
 In flammas torrem (saucia mente) iacit.
Continuò rapidis Meleager ab ignibus ardet,
 Et sua paulatim viscera tostus obit.

ALLEGORIA.

Fumoso veluti stipes comburitur igne,
 In prunisq́; diu non superesse potest:
Sic mortale breui spatio consumitur æuum
 Dum tanquam vento lux, aboletur homo.
Quàm citò conflagrat lignum fornacibus aptum,
 Tam citò qua trahitur vita caduca perit.

Perimele in insulam. X.

PErimele Hippodamantis filia, cùm ab Acheloe amne per vim esset vitiata, patereà ob admissū flagitiū in pelagus ex alto scopulo præcipitauit. Achelous verò de salute amicæ vehementer solicitus, à Neptuno petiit, ne ipsam submergeret, sed ei vel tutum aliquem locum præberet vel eam in locum cóuerteret: Quod sanè Neptunus facile permisit, statimque Perimelem in insulan transmutauit.

O iiij

ENARRATIO.

Amnis Arcananus Perimelen priuat honore
   Virgineo, nomen hic Achelous habet.
At pater Hippodamas luctu commotus & ira,
   Flagitium sobolis corde dolente tulit:
Protinus è scopulo deiecit in æquora natam,
   Iussit & hic sceleris præmia ferre sui:
Haud mora stupratam resonans Achelous amicam
   Excipit, & regem sic maris alloquitur:
Imperium pelagi sortite Tridentifer audi,
   Et sine quas fundo pondus habere preces.
Huic ego virgineum quam porto nomen ademi,
   Inde patris pœnas iam feritate luit.
Arida nunc illi tellus habitanda negatur,
   Quam pater è scopulo trusit ad ima freti:
Tu fac ne pereat pelago summersa profundo,
   Tu Deus hanc mediis eripe quæso vadis,
Et concede locum miseræ, quo tuta quiescat.
   Aut mea, si mauis, fiat amica locus.
Annuit huic ponti parent cui flumina rector,
   Insula telluris sitq; puella nouæ.

ALLEGORIA.

Hippodamas natam veluti deturbat ab alto
   Marmore, dum patrat grande malumq; nefas:
Sic & iniquus homo, quoties se crimine fœdo
   Polluit, in dubias præcipitatur aquas,
Pellitur & supera regni cœlestis ab aula,
   Et rapido scelerum mersus in amne perit.

Iuppiter & Mercurius hospites. XI

IVppiter & Mercurius in humanam formam conuersi, Phrygiam regionem, vt hominũ animos eorúmque benignitatem experirentur peragrârunt. Cùm autem ex oppidanis eos nemo reciperet, tandem Philemonis rustici & pauperis cuiusdam hospitium ingressi, ab eo liberaliter ac lautè, pro tenuitate ac rei familiaris angustia, tractati sunt: Nam præter vulgares epulas etiam Philemon vnicum iis, quẽ habebat, anserem mactare volebat. Eius verò necem Dij prohibuerunt.

ENARRATIO.

Cum Ioue Mercurius Phrygiā lustrauerat olim
  Et facie tectus carpit vterq; viam,
Humanoq; nouas gestant in corpore formas,
  Mille domos adeunt, & loca mille petunt.
Hospitij sedem sub amœna crepuscula noctis
  Quærentes frustra sed pepulere fores:
Pressa tamen stipulis tandem casa parua recepit,
  (Et requiem fessis præbuit illa) Deos.
Baucis anus trepidusq; domum coluere Philemon,
  Excipiunt læti numina bina senes.
Extemplo pariter sopitum suscitat ignem
  Baucis, olus folijs truncat, & ære coquit.
Fercula fictilibus ponuntur rustica vasis,
  Pocula de fago stant fabricata rudi.
Pauperibus Diui gaudent accumbere mensis,
  Ac donis cumulant vina dapesq; nouis:
Vnicus anser erat quem Diis mactare parabat
  Fœmina cælicolæ sed vetuere necem.

ALLEGORIA.

Hospitij pia iura Deus commendat, & illud
  A nobis læta fronte requirit opus.
Cui verè fuerit peregrinus & aduena curæ,
  Præmia pro vili munere larga feret.
Olim dum Genijs hominum sub imagine binis
  Officij Lothus præstitit omne genus,
Diuus & Abraham parili seruiuit honore
  Hospitibus, facilem promeruere Deum.

Philemon & Baucis in arbores. XII.

IVpiter & Mercurius benignitatē Philemonis & Baucidis experti, se Deos palā ostēdūt eósque secum ascendere collē iubēt. Quo facto mox suū oppidulū in lacū vidēt cōuersū, omnésque domos præter suā casa, quæ in tēplū erat mutata, submersas. Porrò à Diis optione data senibus, vt quicquid vellēt peterēt, Philemō se tēpli huius sacerdotes esse ea conditione optauit, vt nec ipse cōiugis, nec vxor eius morté videret. Voti igitur ābo facti cōpotes, tandem cum ad extremam peruenissent senectutem, in arbores euaserunt.

ENARRATIO.

Post cœnam se sponte Deus patefecit vterq;
   Ac iuncti senibus mox abiere domo:
Culmina coniugibus sed celsa patentibus inde
   Oppidulum spectant interiisse suum,
Submersosq; lares, tantùm casa Baucidis ima
   Versa stat in templi splendida tecta sacri.
Ambo stupent thalami mox cum consorte Philemon,
   Effundunt timido vota, precesq; sono.
Iuppiter hos placidè verbis affatur, & inquit:
   Hæc procul ambigui signa doloris eant.
Optio sit vobis dabitur quodcunq; petetis,
   Præmia vos, pœnas cætera turba ferat.
Alter vt alterius fati sit nescius optant,
   Ecce sacerdotis munus vtrisq; datur,
Vt fano præsint, tandem pro morte virentes
   Arboris assumunt corpora bina comas.

ALLEGORIA.

Nescia Diûs hilarè confert benefacta duobus
   Cùm seniore suo coniuge Baucis anus.
Hinc precium tali dignum pietate reportant,
   Ac necis expertes arbor vterq; manent.
Sic qui pauperibus fraterni præstat amoris
   Officium, vitæ tempora longa trahit.
Hospitis & fuerit cui cura benigna vagantis,
   Illæ Deo coram quercus vt alta viret:
Qui verò proprias externis obserat ædes,
   Horrenda tandem morte sceleſtus obit.

Erisichthon quercum excindit. XIII.

ERisichthon Thessalus, Deorum contemptor, cùm in Cereris nemore multas arbores securi violaret, altissimámque quercum, in qua Nympha habitabat, excinderet, Hamadryades illorum montium incolæ ad Cererē conuenerunt, precantes, vt tantum contemptum & impietatem vlcisceretur. Ceres igitur & sua & Hamadryadum causa permota, Erisichthonem nouo supplicij genere afficere, assiduáq; famis stimulatione cruciare decreuit

ENARRATIO.

Cælicolûm tenues Erisichthon numina sacrum
  Eruibuit Cereris non violare nemus.
Dicitur is valida lucos temerasse bipenni,
  In quibus annoso robore quercus erat;
Fama refert Dryades hanc incoluisse puellas,
  Abstinuit sævas non tamen ille manus:
Sed famulos sacrum iussit succidere robur,
  Ictu tunc medio vox dedit ore sonum.
Nympha sub hac ego sum, quæ scinditur arbore ferro
  Parce precor: cœptum Thessalus urget opus,
Et multo veterem prostravit pondere quercum,
Attonitæ Dryades facta nefanda dolent.
Mœrentes adeunt Cererem cum vestibus atris,
  Et pœnas orant suppliciumq́; viro:
Annuit alma Ceres, nimium permota nefando
  Crimine, nec pœnam vult adhibere leuem;
Sed lacerare fame genitrix Erisichthona frugum
  Molitur, miris & cruciare modis.

ALLEGORIA.

Thessalus iste potest tibi demonstrare Tyrannum,
  Qui spernit petulans numina sacra Dei,
Opprimit & iustos homines, rabidaq́; securi
  Deijcit, innumeris persequiturq́; malis,
Turpibus & prædis inhiat grauibusq́; rapinis,
  Quas captat, nunquam se saturare valet:
Hinc miseri plangunt luctu, cœlesto vocantes
  Auxilium, supera quos Deus arce iuuat.

Descriptio famis. XIIII.

Ceres Dea frugū, Erisicthonis ímani facinore vehementer indignata, vná è Nymphis ad Famem, quæ Dea repræsentatur, in extremam Scythiam ablegauit, quæ suo nomine oraret ipsam, vt Erisichthonem tota vi inuaderet, eidémque famelico prorsus omnem edēdi satietatem adimeret. Nympha ergò Deæ morem gerens, à draconibus vecta, illud à fame, quamuis Cereri alias inimica, impetrauit.

ENARRATIO.

Montanam dictis compellat Oreada Nymphã,
  Et placidè fatur talibus alma Ceres.
Est locus extrema Scythiæ macilentus in ora,
  Cernitur hic tellus arida frigus iners.
Hac pariter ieiuna fames in sede moratur,
  Illi præcipies nomine rite meo,
Vt se visceribus latitans Erisichthonis abdat,
  Aggreditur curru Nympha volante viam.
Aëra per medium subuecta draconibus errat,
  Et limen Scythiæ mox regionis adit,
Obscænamq́; famem lapidoso cernit in agro,
  Hirtus ei crinis pallor in ore sedet,
Labraq́; fœda situ nigri rubigine dentes,
  Rara cutis quæ vix inferiora tegit,
Huic procul vt vidit Cereris mandata reclusit
  Nympha, dehinc retro curribus egit iter.
Dira fames subitò præceptis paret, & omni
  Exequitur studio iussa seuera Deæ.

ALLEGORIA.

Expectat meritò sæuum Triopeius Heros
  Suppliciumq́; (vincit quod mala cuncta) famis.
Et meritò quoniam per fasq́; nefasq́; cruorem
  Exuit miseris, præmia tanta refert.
En prius alterius qui corpus & ossa vorauit,
  Ille nequit ventrem nunc saturare cibo.
Nec valet ingluuiem dapibus compescere diram,
  Hæc auri sitiens munera portet homo.

Erisichthon

Erisichthon fame inexplebili torquetur. XV.

FAmes, nomine Cereris à Nympha vocata, noctu domum Erisichthonis intrauit, seque per aures, os & nares in viscera dormientis immisit, eúmque tanta stimulauit violentia vt sibi noctu per somnū omnia deuorare nullisque epulis satiari posse videretur. Expergefactus auté dapes confestim requisiuit, nec cibis vllis famem sedare potuit, donec gula tandem omnes facultates, totúmque patrimonium abliguriret,

ENARRATIO.

CRuda fames tacitè thalamos Erisichthonis intrat
  Aspirans fauces, pectus & ora viri,
Et sic immittit vacuis ieiunia venis.
  Hinc auido stertens appetat ore dapes.
Labra mouet dentes exercet imagine somni,
  Proq; cibis auras deuorat ipse leues.
Pòst vbi pulsa quies, furit improbus ardor edendi,
  Mox epulis epulas addit & auget inops:
Nec tamen expletur, nec sæua cupido vorandi
  Deficit, insurgit sed magis atra fames.
Queq; prius toti planè suffecerat vrbi,
  Vnius haud auidæ sufficit esca gulæ.
Sic alimenta rapax macram demittit in aluum,
  Adde quod & patriæ diminuuntur opes.
Et bona consumit ventris rabiosa vorago,
  In caua nam census viscera diues abit.

ALLEGORIA.

Rex hic argenti cupidum designat & auri,
  Nummis qui nunquam corda replere potest:
Nam vasta semper ceu fauce famelicus ardet,
  Sic inhians lucro semper auarus eget.
Quò plus accumulat tanto magis appetit amens,
  Nec placido vitam corde quietus agit:
Quærit vt absumat, sed mox absumpta requirit,
  Pauper & in variis degit, egensq; bonis,
Garrulus admota ceu Tantalus esurit esca,
  Atq; siti mediis excruciatur aquis.

Metra in varias figuras. XVI.

Cum Erisichthon totum iam patrimoniū ventri impendisset, vnicam quoque filiam Metram, olim à Neptuno vitiatam, vendere coactus est. Hæc autem vt seruitutis iugum effugeret, Neptuni auxiliū implorauit, qui ei in vetulum piscatorem conuersæ cōcessit, vt quas vellet formas assumeret. Hoc pacto per aliquod tempus patrem famelicum aluit, sed tandem omnibus facultatibus absumptis, Erisichthon suaipsius comedit viscera, & sic miserabili morte periit.

ENARRATIO.

Helluo fortunas paulatim perdidit omnes
 Thessalus, & nulla reppulit arte famem.
Filia restabat non tanto digna parenti,
 Pauperies illam vendere summa iubet.
Nata iugum domini peregrinum ferre recusans,
 Rectorem supplex æquoris orat opem.
Is prece non spreta, varias gestare figuras
 Hanc facit, & vultus ora subinde nouat.
Nunc faciem pisces sumit capientibus aptam,
 Nunc, equa, bos, asinus, ceruus & ales abit.
Et sic abdomen patris insaturabile nutrit
 Filia, sed venter pabula cuncta vorat.
Cumq; nihil superest, corpus diuellere morsu
 Incipit, & membris membra Tyrannus alit.
Post magis atq; magis miseros depascitur artus,
 Dum nece paulatim deficiendo perit.

ALLEGORIA.

Pœna Dei rabidos tangit lugenda Tyrannos,
 Quæ si differtur grandior ire solet.
Qui bona præsentis vitæ peritura requirit,
 Vera nec æternæ munera lucis amat,
Duriter extremo terrestribus ille peribit
 Implicitus curis, & morietur inops.
Non sua fraus ipsi dolus, aut versutia quicquam
 Proderit, et ventrem non saturabit egens:
Integer æternos at sustentabitur annos,
 Cœlestiq; pius pane fruetur homo.

FINIS LIB. VIII.

OVIDII METAM.
LIB. IX.
Hercules, Achelous. I.

Deianira Oenei regis filia, virgo Ætolarū speciosissima, cùm à multis amaretur pater eam in matrimonium huic dare constituit, qui luctandi gratia veniens victoriam reportaret. Omnibus autem metu perculsis, retróque cedentibus, duo sunt inuenti, Hercules & Achelous, qui manus inter se conserere auderent. Commisso igitur prælio, Achelous multis dolis Herculem elusit, seque in varias transmutauit formas, ac tandem succumbens Herculem victorem agnouit, qui filiam regis pugnando adeptus est.

OVIDII METAM.

ENARRATIO.

Deianira fuit quondam pulcherrima virgo,
   Ætolum regis filia chara procis.
Hanc sibi connubio iungi petiere puellam
   Innumeri, prohibet fœdera tanta parens:
Nec generum nouisse cupit nisi fortiter ille
   Dimicet, & magnum se probet esse virum.
Aufugiunt alij, perstat Calydonius acer,
   Perstat & Alcides, munus vterq; petit.
Concertant ambo, sed vi Tyrinthius hostem
   Deiicit, è manibus mox Achelous abit.
Versus & in flumen magno cum murmure fluctus
   Tollit, & heroem sic superare cupit.
Pòst nil efficiens, dirum formatur in anguem,
   Cunctaq; peruigili fraude dolosus agit:
Herculis & serpens cùm vim perferre nequiret,
   Deuicto tauri restat imago trucis.
Hunc Ioue natus adit, cornuq; à fronte reuellit
   Victor, & egregia præmia laudis habet.

ALLEGORIA.

Nos docet Alcides quo non præstantior armis,
   Quid deceat fortem magnanimumq; virum.
Qui cupit æterna pòst mortem luce potiri,
   Fortiter hunc ipsum belligerare decet.
Non desunt hostes, qui nobis fata minantur
   Vltima Sarcotheus, mundus & ægra caro.
Hos virtute Dei si quis prostrauerit vltor,
   Munera tam duro digna labore feret.

Nessus Centaurus sagitta traiectus. II.

Victor Hercules cùm Deianiram vxorem Nesso Centauro commisisset, vt eam Euenum amnem transueheret: is quidem forma puellæ allectus, sinuosis errabat flexibus, locum eius comprimendæ captans. Cæterùm vxore mariti sui fidé implorante, mox ab Hercule Nessus telo confixus est: qui cùm expiraret, vestem suam sanguine aspersam dedit Deianiræ, indicans hanc fore remedium aduersus desertum amorem coniugis, quam primũ ea indueretur. Cruor autem iste in venenum mutabatur.

OVIDII METAM.
ENARRATIO.

Ecce noua repetens patriam cum coniuge terram
   Eueni tangit iam Ioue natus aquas.
Auctus erat valdè nimbis hyemalibus amnis,
   Peruius & nusquam vorticibusq; frequens.
Intrepidus pro se primam de coniuge curam
   Suscipit Alcides, nil opus esse videns:
Spondet opem Nessus prudens scitusq; vadorum,
   Hoc mecum coniux lintre vehetur, ait:
Interea validis tu viribus vtere nando,
   Littora dum detur tangere summa tibi.
Pacta placent, timidam recipit Calydonida Nessus
   Et per aquas curuo tramite flectit iter.
Huius vt illicito flagrans potiatur amore,
   Sed non Aonium fraus latet illa virum:
Namq; grauis pharetra subitò fera flumina tranat,
   Percipit & patula coniugis aure preces:
Inde ferit telo Centauri pectus adunco,
   Vestis & emisso tincta cruore rubet.
Hanc donat raptæ moriens medicamen amoris,
   Gratia si quando cesset amica viri.

ALLEGORIA.

Admonet exemplum, ne dicipiamur ab hoste,
   Gutture de cuius dulcia mella fluunt,
Sed latet abstruso liuens in corde venenum,
   Imprimis tacita fraude paratur amor.
Historiæ veluti nobis monumenta recludunt,
   Fraus semper Veneri grata dolusq; fuit.

Lychas in vndas deiicitur. II L.

HErcules in Orchatiam regnũ Eurifi traiiciens, Iolen eius filiam fecũ abduxit. Prior autem coniux Deianira falso suspicata animum viri à se abalienatum tunicam Centauri sanguine tinctam, ipsi iam sacrificaturo, per Lychan famulũ misit. Eam indutus Hercules ad aras accedens, flamma vestis citò incaluit, & veneno Lernæo eius viscera sunt infecta. In summo igitur cruciatu, cùm vitam finire nequiret, Lychan acerbissimi muneris autorem in mare Euboicum proiecit, qui in scopulum deinde conuersus est.

OVIDII METAM.
ENARRATIO.

Sacra Ioui victor longi post acta laboris
  Alcides certo tempore vota parat.
Rumor at incertus pulsat Calydonidis aures,
  Aonium thalamos instituisse nouos.
Credit amans lachrymisq; dolens indulget amaris,
  Inq; vagos motus foemina tristis abit.
Mittit ei tunicam, Nesseo sanguine tinctam,
  Vt vetus induta veste recurrat amor.
Ignarumq; Lychan patrias ablegat ad oras,
  Affert hic domino tradita dona suo.
Nescius ille nouos habitus vestemq; cruentam
  Induit, atq; Ioui thura daturus erat.
Vis infanda mali corpus, cœcumq; venenum
  Occupat, & flammis membra perusta calent:
Sustinet immensos longum sine morte dolores.
  Aonius vitam nec posuisse valet:
Inde Lychan rabidum mittit furibundus in æquor,
  Versus at is scopuli signa vetusta gerit.

ALLEGORIA.

Sæpe præmunt homines extrema pericula magnos,
  Præmia nec virtus semper habere solet.
Quis fuit Alcida maior? quis fortior Heros?
  Attamen ante necem tristia fata subit:
Sic olim cecidit præclara potentia Crœsi
  Diuitis, & Marius multa pudenda tulit.
Quòs tamen euexit sors ad fastigia cæli
  Molliter humanis fidere nemo velit.

Herculis. ἀποθέωσις IIII.

Hercules diu multúmque grauissimis flammarum doloribus excruciatus, in Oeta Thessaliæ monte rogum extrui curauit, sagittísque Philoctetæ Pœantis filio traditis, qui Pyram illi struxerat, igne combustus est, ita tamen, vt immortalium Deorum ius à Ioue in cœlo reciperet, & aliquando placata Iunone, filiæ eiusdem nomine Hebæ iungeretur. Deianira autem vxor Herculis, re cognita, præ ingenti animi luctu & moesticia, sibi mortem laqueo consciuit.

ENARRATIO.

INgentem cœli natus Pæante sub auras
  Erigit, ac mira construit arte rogum.
Subiicit & flammas, quod idem præceperat Heros
  Aonius, vitam sic abolere volens:
Corpore qui toto summis cruciatibus ardens
  Arboris aggestum vellere sternit opus.
Imposita clauæ pariter ceruice recumbit,
  Fataq; sic hilari fronte suprema vocat.
Flamma viri teneros latè complectitur artus,
  Is crepitante tamen viuus in igne manet,
Læditur & tantum matris quod origine traxit,
  De Ioue quod sumpsit perdere flamma nequit:
Mulciber idcirco membris mortale caducis
  Eximit, at superi restat imago Iouis.
Quadriiugo natum curru qui sustulit astris,
  Esset vt æthereos inter & ipse Deos.

ALLEGORIA.

Casibus innumeris Tyrinthius æstuat Heros,
  Dum scandit magni regna beata poli.
Ignauum trepidus qui dura pericula vitat,
  Atq; domi residet, præmia nulla manent.
Omnis ad eximios cui mens aspirat honores,
  Ille manus operi fortiter iniiciat:
Sic qui cœlestis regni contendit ad aulam,
  Non subterfugiat tristia multa pati:
Exilium, tormenta, fames, crux, carcer & ignis
  Sunt vincenda pio, qui petit astra, viro.

Alcmena parit Herculem. V.

ALcmena vxor Amphitryonis, cùm ex Ioue Herculem conceptum ob Iunonis odium parere non posset, Lucina partui præses ab ea vocata, ad fores reginæ venit, quæ cùm in terra residens nexis manibus caneret, & ita Iunonis voluntate partu laborantem retardaret, Galathis ministra Almene ipsam cóspiciens prudenter fraudem hanc irrisit, & reginam peperisse, omnique dolore solutá mé tita est. Lucina igitur manibus explicatis, Alcmenam cruciatu liberauit. Galanthis autê in mustelæ figuram conuersa est, vt ore etiam quo mentiebatur pareret.

ENARRATIO.

Hora laboriferi cùm iam natalis habetur
  Herculis, & decimo sidere Luna redit,
Ecce grauem Genitrix vterum distenta ferebat,
  Cui tumidus tanto pondere venter erat,
Vt se ferre Iouem cœli terræq; potentem
  Crederet, & summum mortis adesse diem.
Frigidus Alcmenam meta veniente tenebat
  Horror, & in toto corpore sudor iners.
Noctibus heu septem, septem cruciata diebus,
  Lucinam misero pressa dolore vocat.
Illa quidem iussu subitò Iunonis iniquæ
  Aduolat, vt partus impediatur opus
Et sedet ante fores compresso poplite, iunctis
  Inter se manibus, carmina dira canens.
Vna ministrarum de nomine dicta Galanthis,
  Eludit tantas ingeniosa strophas,
Alloquiturq; Deam nobis gratare, soluta est
  A solis & partu ritè soluta suo:
Protinus exiliit Lucina manusq; remisit,
  Inde puer matris corpore paruus ijt.

ALLEGORIA.

Iuno velut multis partu rationibus obstat
  Herculis, & fœtum luce carere cupit:
Non aliter Sathanas fœlices impedit actus,
  Et turbare bonum sæpius audet opus,
Illuditq; vagis mortales vndiq; technis,
  Queis Deus exsoluit pro bonitate pios.

LIBER IX. 112

Dryope in arborem. VI.

Dryope Euryti filia, soror Ioles, Andremonis coniux, quã antè dilexerat Apollo, cùm ad lacum Nymphis sacratum dona ferens, accederet, & ex arbore Loto (in quã Lotos Priappum fugiens, erat transfigurata) tantum decerperet, quo filiolum Amphioné secum adductum, oblectaret, confestim, quia sacræ arboris violatrix extiterat, trunco infixa adhæsit, & tota, nisi quòd humana restabat facies in arboris formam transmigrauit.

ENARRATIO.

Infelix Dryope coniux Andræmonis olim
   Pergit ad Oechalici littora curua lacus.
Infamemq́; sinu, qui non compleuerat annum
   Gestat, ibi Nymphis sacrificare volens.
Ad gelidum Lotos florescit aquatica stagnum,
   Oechalis hinc animo gaudia plena capit.
Nescia fatorum decerpit ab arbore ramum
   Mater, quem nato porrigit alma suo.
Et quærit teneræ sic oblectamina proli,
   Gutta sed è niueo flore cruenta cadit.
Dumq́; sacros Dryope perdit non prouida fructus,
   Hæret, & in trunci stipite fixa manet:
Arboream recipit nam cortice cincta figuram,
   Læta tamen capitis forma prioris adest.
Concurrunt soror atque parens lugubria flentes
   Fata, sed auxilium nullus opemq́; tulit.
Illa diu vanos effundit in aëra questus,
   Dum planè cortex omnia membra tegit.

ALLEGORIA.

Haud impune sacrum violauit fœmina lignum,
   Est grauis admissum pœna secuta scelus:
Sic bona crudeles per fasq́; nefasq́; sacrata
   Qui rapiunt, tristi morte perire solent.
Quosq́; iuuat duro tenues ex osse medullas
   Sugere pauperibus, iudicis ira premit.
In miseros homines tandem vertantur vt ipsi
   Omnis & illorum fama decusq́; ruat.

Biblidis

Biblidis amor in fratrem. VII.

Miletus ex insula Creta profectus in Asiam, binos ibi ex Mæandri filia liberos suscepit, Biblida & Caunum: Biblis autē ad annos aliquot progressa, cum fratre colludere eúmque osculari & amplexari ausa est, vnde paulatim scintilla illiciti in germanum amoris creuit, adeò vt eum ardore plusquam pio prosequeretur. Cū igitur cupiditatis suæ vesaniam diutius compescere nequiret, illi flagrantem suum animum aperuit, sed Caunus rei indignitate & sororis impietate motus, petitionem hanc turpissimam recusauit.

OVIDII METAM.

ENARRATIO.

Filia Mæandri binos enixa gemellos,
    In lucem viuum corpus vtrunq; tulit.
Accrescunt vnà soror & germanus, ijsdem
    Et studiis ambo ludere sæpe solent:
Biblis at in fratrem paulatim concipit ignes,
    Illius & collo brachia sæpe iacit.
Oscula figit, amor cunctas augetur in horas,
    Sæpius ad fratrem culta nitensq; venit:
Non tamen omninò flammas vulgare latentes
    Ausa, suo grauidum pectore celat onus.
Germanum vigilans per somnia cernit eundem,
    Tempora nec placidæ virgo quietis habet:
Continuò surgunt motus in corde vagantes,
    Mens monet hoc, alio cœca libido rapit.
Tandem cogit amor scriptis aperire dolorem,
    (Protinus ad Caunum littera missa volat)
In quibus exponit vesani vulnera cordis,
    Et Veneris telo pectora fixa soror:
His verò lectis subita Mæandrius ira
    Feruet, & hoc summum iudicat esse nefas.

ALLEGORIA.

Admonet exemplum cunctos prudenter amantes,
    Ausint ne turpi se maculare nota.
Illicito nimium neq; constringantur amore,
    Melle Venus primo dulcior esse solet,
Corq; subit tacitè viresq; acquirit eundo,
    Donec ad interitum mortis agatur homo.

Biblis in fontem. VIII.

Biblis in fratrē Caunum mirifico amore inflammata, cúm animaduerteret litteras, quas ad ipsum dederat, nihil effecisse, libidine detestabili indies magis magísq; adaucta & incensa, propositum suũ vrget, & Germanum ad incestum amore allicere haudquaquam cessat. Caunus autem honestatis amãs, ne tam horrendum perpetraret facinus à patria profugus euasit, cuius vestigia soror dum sequitur, multas nationes peruagata, tandem in Cariam venit, ibíque assiduo mœrore & fletu defatigata, in fontem deliciut.

ENARRATIO.

A Cauno subitam Biblis perpessa repulsam,
  Pectora sollicito plena pauore gerit,
Perturbata sedens, propriæ velut inscia mentis,
  Languet, & ignauo frigore membra rigent.
Mens tamen vt redijt collecta, redire furores
  Incipiunt, fratris corde resultat amor.
Illius & sensus partes agitantur in omnes,
  Concubitum fratris luxuriosa petit:
Cumq; videt scriptas nihil effecisse tabellas,
  Infoelix alias tentat adire vias,
Propositumq; premit foedum, nec desinit ardens
  Germanum verbis sollicitare nouis.
Dumq; ita blanditiis iuuenem sine fine fatigat,
  A patria profugus cogitur ire domo.
Quem soror insequitur multis regionibus errans,
  Attamen huic fratrem non reperire datur.
Propterea Biblis lachrymas effundit acerbas,
  Et sic in gelidi soluitur amnis aquas.

ALLEGORIA.

Vir sapiens Cauni mores imitatur honestos,
  Atq; procul Veneris gaudia praua fugit,
Et potius migrat patriis de moenibus exul,
  Crimina quàm petulans flagitiosa patret.
Sed qui luxuriam sequitur, seu Biblis inertem,
  Ante Deum liquidæ diffluit instar aquæ,
Ipsius in tenues & vita resoluitur auras,
  Transit, & haud longum perstat iniquus homo.

Lyctus & Telethusa vxor. IX.

PHæstos oppidũ est in ínsula Creta, vbi Lyctus generosi animi ac præstantis fidei homo degens, ab vxore sua Telethusa iam grauida & partui vicina, petiit, vt si puellam pareret, eam stati interficeret, sin puerum, sobolem patriæ conseruaret. Cúmque ambo cóiuges pro futuro casu dedissent lachrymas, mater filiam enixa, manus ei afferre uiolentas non potuit. Isis autem Dea lugéti puerperæ adfuit, & ipsa infantem (patre filij opinione decepto) pro puero enutriuit.

ENARRATIO.

PHæstia progenuit tellus de nomine Lyctum,
    Integra cui fuerat vita fidesq; virum:
Iussit hic vxorem, procul haud cùm partus abesset,
    Quamprimùm per eam nata puella foret,
Tollere de medio (tenuis sors namq; premebat
    Cressum, nec validas pauper habebat opes.)
Hinc metuit ne possit egens educere prolem,
    Aut certo natam dote beare suam.
Propterea foetum mandat iugulare recentem,
    Ast orat superos nocte dieq; Deos,
Masculus vt lucis felix edatur in auras,
    Quem vixisse parens, & superesse cupit:
Præcipit inuitus, lachrymas cum coniuge fundens,
    Lyctus tam tristem terrificàmq; necem.
Pauperies at eum moliri talia cogit,
    Incidit in luctus hinc Telethusa graues,
Foemineámq; sua sobolem protrudit ab aluo,
    Editus ast patri dicitur esse puer:
Inachis infantem Dea nam sibi sumit alendum,
    Et carnem teneram morte perire vetat.

ALLEGORIA.

Se quicunq; cupit nexu vincire iugali,
    Tam graue non demens aggrediatur opus.
Sed sibi res curet varius quas exigit vsus,
    Ne iunctus vitam coniuge ducat inops.
Ad mala sæpe bonos adigit deformis egestas,
    Faustus homo census cui mediocris adest.

Iphis puella in marem. V.

CVm Iphis puella iam ad maturam peruenisset ætatem, parens eam, falsus à coniuge, marem existimans, virginem formosissimam ex Theleste genitam ipsi despondit. Variis autem animi fluctibus, cùm æstuaret Iphis mater, valdéque metueret, ne Iphis puella cum infamia reperiretur, Dea Isis rursus auxilio Telethusæ rebus deploratis adfuit, & instantibus iam nuptiis, vt matrimonium fieret legitimum, Iphin puellam in puerũ transfigurauit.

OVIDII METAM.

ENARRATIO.

Quem Telethusa parit, nutritur ab Iside fœtus,
   Cultaq́; præstanti virgo decore nitet:
Tertia sed decima iamiam successerat æstas,
   Iphin cùm puerum credidit esse pater.
Huic igitur lætus pulchram despondet Ianthen,
   Inter Phæstiadas quæ celebrata fuit.
Par ambobus erat iuuenili corpore forma,
   Et paribus studiis incubuere simul:
Vnus & ambobus præluxit in arte magister,
   Hinc subit amborum pectora primus amor.
Pòst noua sponsa nimis formosam diligit Iphin
   Nam quod amat virgo iudicat esse marem,
Iphin & incendit, stimulatq́; cupidinis æstus,
   Sed premit affectus vix lachrymasq́; tenet.
Se quia posse frui iusto desperat amore,
   Iphidis & matrem cura dolorq; grauat.
Dum metuit sua ne fraus fiat aperta marito,
   Quocirca duplices tendit ad astra manus,
Isidis auxilium summisso pectore supplex
   Inuocat, afflictis fert Dea rebus opem,
Vtq́; iugalis amor succederet omine fausto,
   In pueri formam protinus Iphis abit.

ALLEGORIA.

Turbatas summo rerum discrimine mentes
   Erigit, & miseros spes animosa fouet:
Spes iubet instabili nunquam diffidere sorti,
   Sed prece non dubia sollicitare Deum.

FINIS LIB. IX.

OVIDII METAM.
LIB. X.
Euridice serpētis ictu moritur I.

Orpheus Apollinis & Calliopes (vel, vt alij volunt, Oeagri fluuij, & Polymniæ Musæ) filius, Eurydicen in matrimoniū duxerat: cum qua infausto omine coniunctus, & si vitam aliquandiu tranquillam, & vt sibi videbatur, beatam ageret, breui tamen fœd° coniugij morte Eurydices dissolutum est: ea enim cùm aliquádiu associata Nymphis, per prata ambularet, florésque colligeret selectissimos, ictu serpentis in plantā infixo, ex hac mortali vita ad inferos emigrauit.

ENARRATIO.

Thracius Eurydicen socio sibi iūxerat Orpheus
    Foedere, quod foelix non stabiliuit Hymen:
Ad festum frustra nam connubiale vocatur,
    Assuit at secum gaudia nulla tulit:
Nec vultus hilares nec faustum præbuit omen,
    Sed ferus auspicij tristia signa dedit.
Exitus hinc sequitur grauis & mœroris abundans,
    Coniugiumq; recens dissipat atra dies:
Nam noua nupta vagās, Nymphis comitata per her-
    Dum picto flores gramine forte legit, (bas
Ipsius in talum coluber penetrabile virus
    Mittit, & ore micans tetra venena iacit.
Hinc tumor inuadit plantam lethalis, ad vmbras
    Eurydice stygias lucis egena volat.
Coniugis interitu tristis prosternitur Orpheus,
    Vxoris deflens fata suprema suæ.

ALLEGORIA.

Consortem thalami perdit Rhodopeius Heros,
    Infernas adijt quæ Phlegetontis aquas:
Sic fit adhuc hodie quoties peccator amœnas
    Mente voluptates illecebrasq; petit,
Delicias mundi captans floresq; caducos,
    Mortis vt ad tenebras præcipitanter eat:
Nam Sathanas animam funesto sauciat ictu
    Sæpius, excultas dum sibi quærit opes,
Et nisi nil carnis fragiles sectatur honores,
    Vir probus æthereæ gaudia lucis amat.

Orpheꝰ ad inferos descēdit. II.

EVrydice mortua, tantū dolorē Orpheo marito attulit, vt eam non solùm acerbissimis defleret lachrymis, sed & arte sua ludēdi cithara confisus, ad inferos descenderet: Quò cùm peruenisset Plutonem & Proserpinam citharæ adeò suauitate demulsit, vt vxorem ab iis reciperet, ea tamen lege, ne illam prius quàm ad superos reuersus esset, intueretur. Orpheus autem dubitans, vtrū vxor eū sequeretur, respexit, statim igitur à Plutone ad inferos Euridice reuocata, maritum in maximis animi cruciatibus reliquit.

OVIDII METAM.

ENARRATIO.

Vxorem postquam vates defleuerat Orpheus,
 Est etiam stygios ausus adire lares,
Persephonesq; domum, lethæaq; tecta tyranni
 Pulsat, & extinctæ coniugis ossa petit,
Suauiter & cythara ludit, dulcissima fundens
 Carmina, queis animas duraq; saxa mouet:
Nam miseri flebant manes, lachrymisq; rigabant
 Eumenides mœstas, cunctaq; turba, genas,
Ipseq; dux Erebi sic mulcebatur amœnis
 Cantibus, vt vati traderet Eurydicen:
Hanc tamen & recipit grata cum coniuge legem,
 Lumina ne retro flectere pacta velit,
Tartara dum penetret tacitus vallesq; profundas,
 Irrita vel prorsus dona futura sibi,
Ille sed vt superas gressu prope contigit auras,
 Versus in vxorem lumina torsit amans.
Ex oculis igitur coniux euanuit Orpheus,
 Adq; tenebrosas est reuoluta fores.

ALLEGORIA.

Si variis animam vitiis & crimine fœdo
 Perdidit infœlix & miserandus homo,
Haud reparabit eam, nisi se demittat ad Orcum,
 Et sua corde fleat turpia facta pio.
Lumina sed retrò decet haud infigere fluxis,
 Quæq; breui finem sunt habitura, bonis.
Ad flammas Lothi quondam dum respicit vxor,
 Vertitur in statuam (dura rigore) salis.

Orpheus cithara ludens. III.

ORpheus de vxore sua recuperanda, planè desperans, à consuetudine mulierū abstinuit, nec vllam cum iis rem in posterum habuisse creditur. Deinde se in montem Thraciæ cōtulit ibi dulcedine ac suauitate cātus omne penè ferarū genus, atque adeò cunctas fermè arbores ac plantas demulsit & ad se se allexit. Inter quas & Pinus Cybiles arbor erat, in quā Atys olim puer eximia pulchritudine fuit commutatus.

ENARRATIO.

Moestus agit vitā gemina nece coniugis Orpheus
  Dum licet Eurydicen non reparare suam,
Namq; domos iterum Plutonis adire volentem,
  Pellit, & immanis portitor inde fugat.
Attamen in ripa septem sedet ille diebus
  Squalidus, ac Cereris munere tristis eget.
Cura, dolor, lachrymæ, luctus alimenta ministrant,
  Inq; Deos Erebi liuida verba iacit.
Deniq; spem prorsus postquam sibi cernit ademptam,
  Telluris superæ limina rursus adit,
Et Rhodopen sese recipit, Veneremq; perosus
  Fœmineam, vitæ tempora solus agit,
Tangens & citharam suauißima carmina promit,
  Motio qua brutis arboribusq; venit.
Accedunt tiliæ molles, acer, æsculus, ilex,
  Nux, abies, Lotos, ficus & vlmus adest.
Nec desunt ornus, vitis, tenuesq; myricæ,
  Nec quæ victorem florida palma decet,
Nec pinus viridans in quam Cybeleius Atys
  Percitus insano turbine versus erat.

ALLEGORIA.

Afflictas multum recreat bona cantio mentes,
  Luctibus & duris corda leuare potest.
Carmina ceu mulcent animos, ita Musica pectus
  Commouet, æterno fit quoq; chara Deo.
Sacros præsertim si conuertatur in vsus,
  Regius hinc vates iubila sæpe canit.

Cyparissus puer in arbore. IIII.

Cyparissus Amiclei filius, ex insula Cæa oriundus, vehementer ab Apolline dilectus, Ceruum auro gemmisque ornatum, Nymphis sacrum & sibi maximopere charū, per imprudentiam sagitta trāsfixit, cuius morte deinceps tantis doloribus est affectus, vt sibimet manus inferre violētas conaretur. Hūc autem Apollo ex imminenti periculo liberās mediis hærentem cruciatibus, in arborē Cypressum transmutauit.

ENARRATIO.

Sacratas quondam Carthæa tenentibus arua
  Nymphis, ingenti robore ceruus erat.
Cornua fulgebant auro gemmisq́; decora,
  Argento fuerat cinctus vbiq́; caput.
Pendebant pariter precioſa monilia collo,
  Intrabat poſito ſæpe pauore domos.
Et ſe mulcendum manibus præbere ſolebat,
  Sed tamen imprimis ô Cypariſſe tibi
Longè præ reliquis Cææ pulcherrime gentis,
  Dulcia qui bruto pabula ſæpe dabas.
Ducebas liquidi ſitientem fontis ad vndas,
  Oraq́; frenabas illius inſtar equi.
Aeſtus erat magnus media ſub parte diei,
  Vmbra cùm ceruus corpora feſſa locat.
Hunc puer imprudens figit Cypariſſus atroci
  Vulnere, quo ſubita morte ſolutus obit.
Induluit iuuenis, ſibimet quoq́; funera quærit,
  Ac gemitu crebro triſtia corda grauat.
Munere ſed Phœbi largo fit mœſta cypreſſus,
  Funereis arbor ſcilicet apta rogis.

ALLEGORIA.

Exequiis olim fuit addita nigra cypreſſus,
  Namq́; ſemel nunquam cæſa virere ſolet:
Sic homo qui miſero ſemel emigrauerit orbe,
  Ad ſuperos hauſta luce redire nequit.
Et quam præteriens manet irreuocabilis hora,
  Tam citò non reuolans gloria noſtra cadit.

Ganymedes

Ganymedes in cælum euectus. V.

Ganymedes filius Trois regis puer erat eximia facie, & admiranda corporis formositate præditus: quem Iuppiter tāto est amore persecutus, vt ipse in Aquilæ formam transmutatus, puerum ad se se in cœlos eueheret, mensæque suæ præficeret, vt eius minister ac pincerna foret. In illum verò Iouis vxor Iuno, tanquam impatiens socij, summa inuidia & offensione fuit commota.

OVIDII METAM.

ENARRATIO.

Cantando syluas Rhodopei° attrahit Orpheus
    Atq; feras modulans inter auesq; sedet.
Cumq; satis ductos tentauit pollice neruos,
    Et chordis lepidos sensit inesse sonos.
Carmina nostra moue, capit modulamina cantus,
    Ab Ioue Musa parens, carmina nostra moue:
Rex olim superum feruentes concipit ignes,
    Inuadit Phrygij quem Ganymedis amor.
Egregius puer ille fuit facieq; decorus,
    Effulsit niueo cuius in ore rubor.
Iuppiter ergò sibi peregrinam sumere formam,
    Ac tacitè puerum sic rapuisse cupit:
Sed nullo prorsus dignatur is alite verti,
    Quàm sua quæ terris fulmina sæua gerit.
Nec mora diuiso pernicibus aëra pennis
    Iliadem secum celsus ad astra leuat.
Qui nunc inuita vinum Iunone coronat,
    Et Iouis ad mensam ritè minister adest.

ALLEGORIA.

Id eus veluti puer est ad sidera tractus,
    Cui facies claro pulchra nitore fuit.
Sic etiam Christi mens iusta meretur amorem,
    Quæ noua virtutis veste recincta nitet.
Hanc Deus è vario mundi discrimine transfert.
    Mitis ad excelsi regna beata poli.
Hîc vt in æternum diuina luce fruatur,
    Gaudia cumq; Deo non fugitura trahat.

Hyacinthus in florem. VI.

HYacinthus Amiclæ & Diomedis filius, ab Apolline dilectus, cùm per iocū & imprudentiam cum ipso in certamē disci descenderet, pondus à Phœbo altius iactum, pri haud accipere valuit iuuenis, quàm in caput eius magno cum impetu decideret. Quo ictu in terram subitò prostratus, nullum prorsus admisit remediū, quod vulnus curare, ipsum que reficere posset. Hyacintho igitur sic moriente, cruor emanans ab eodem Apolline in florem eiusdem nominis est conuersus.

ENARRATIO.

Phœbus Amyclidæ stolido vexatur amore,
  Ac flammas tacitè luxuriosus alit.
Tempus at inciderat quo conuenere iocantes,
  Et disci lusus instituere graues.
Massam principiò libratam torsit in altum
  Phœbus, & ad nubes mox penetrauit onus,
Ac longo solidam tetigit pòst tempore terram,
  Orbem dehinc iuuenis tollere promptus erat:
Sed prius emissum delabitur æthere pondus,
  Et lædit vultus ô Hyacinthe tuos,
Prosilit accepto calidus de vulnere sanguis,
  Æquè pallescit, quàm puer, ipse Deus,
Qui refouens iuuenem collapsos excipit artus,
  Protinus & medica vulnera siccat ope,
Admotisq́; animam labentem sustinet herbis,
  Sed frustra, pulcher mox Hyacinthus obit,
Hinc nimio cordis mœrore repletus Apollo
  Ingemit, & pueri funera mœsta dolet:
Sanguis at in florem rutilus mutatur olentem,
  Ne prorsus iuuenis concidat omnis honor.

ALLEGORIA.

Qui certare cupit, pugnasq́; subire feroces
  Athletas ista quærat in arte pares:
Nam qui maiores iuuenili pectore flagrans
  Despicit, is capiti nil nisi damna struit.
Præcipiti feruore Dares animoq́; superbus
  Corruit, Entellus præmia victor habet.

Cerastæ in boues. VII.

AMathus oppidum in Insula Cypro est cuius incolæ nefaria & impia consuetudine soliti sunt ad aram Iouis, quæ proxima erat Deæ Veneris, aduenas ac hospites obtruncare & ibidem immolare, quorum crudelitate Venus offensa, ne vel locum sedéque mutare cogerentur, vel aliquod necis suppliciū in eos statueretur, in boues illos cōuertit, quę à magnitudine cornuum Cerastæ à Salaminiis sunt nominati.

ENARRATIO.

Est vrbs in Cypro multis fœcunda metallis,
 Nomen apud ciues hæc Amathuntis habet.
Quam truculenta nimis gens incoluere Cerastæ,
 His stetit ante fores hospitis ara Iouis.
Semper abundabat quæ sanguine tincta recenti,
 Semper & effusi plena cruoris erat.
Hanc qui præterijt, mactatos credidit illic,
 Aduena, cornupetas occubuisse boues.
Seu vitulos, agnos & oues cecidisse tenellos,
 Ara sed humana cæde cruenta fuit:
Nam quoties ibi fecit iter peregrinus & exul,
 Præbuit haud illi semita tuta viam.
Ceruicem subitò strictus iugulauerat ensis,
 Hæc rigidæ turpis victima gentis erat:
At Venus omnino sacris offensa nefandis,
 Fœda Cerastarum crimina ferre nequit.
Exilij pœnam dubitat, seu mortis acerbæ
 Infligat populis, versa figura placet:
Protinus in toruos abeunt his membra iuuencos,
 Cornua qui dura fronte recurua gerunt.

ALLEGORIA.

Cypria gens truculenta, ferox, inimicaq́; sanctis
 Hospitibus, plenum cor feritatis habet.
In tauros igitur tandem mutantur agrestes,
 Membra quibus sæuo tacta ligone cadunt.
Heu quot adhuc scelus hoc homines imitantur iniqui,
 Hospitij miseris qui pia iura negant.

Effigies eburnea in hominem. VIII.

Pygmalion Rex Tyri offensus impudentia vulgari propæditum, quæ à Venere propter obscœnitatem in lapides erant conuersæ, vitam cælibem exigere statuit, qui cùm effigié virginis ex ebore sculpsisset, captus specie ei° pulcherrima in amoré incidit, & petiit à Dea Venere, vt eiusmodi vxorem sibi largiretur. Venus igitur statuæ, quam in lectum ipse collocarat, eburneæ animam inspirauit. Ex hac vxore sua deinde Rex Paphum filium genuit, qui in insula Cypro oppidū sui nominis extruxit.

ENARRATIO.

Viuere Pigmalion statuit sine coniuge cœlebs,
  Gaudia nec sacri dulcia nosse tori,
Iamq; diu thalami consorte carebat amica,
  Et secum solus degere suetus erat:
Interea tamen hic propria fœliciter arte
  Vitam quod iures ducere, sculpit ebur:
Virgineam gestat faciem præsignis imago,
  Non aliter quam si membra mouere queat.
Arte sua gaudens feruentes concipit æstus
  Pygmalion, vani spes & amoris alit:
Oscula dans operi nutrit sub pectore flammas,
  Sit veluti dubitet corpus an illud ebur.
Vestibus exornat simulatos insuper artus,
  Annulus in digitis gemmaq; pura nitet.
Mollibus in plumis tandem simulachra reponit,
  Ac Veneris precibus numina sancta vocat,
Vtq; suos tali cum coniuge transigat annos,
  Quæ referat ficti corporis ossa petit.
Extemplò viuum membris Venus alma calorem
  Indidit, et nupsit sculpta puella viro.

ALLEGORIA.

Coniugio quicunq; cupit fœlice potiri,
  Hoc sine diuina non potietur ope:
Vxor amica placens & moribus aucta pudicis,
  Est à clementi sæpe petenda Deo:
Quam graue sit motus etenim frenare vagantes,
  Edocet ardescens Pygmalionis amor.

Myrrha sibi laqueo mortem consciscere cupit. IX.

Myrrha Cinyræ Cypriorũ regis & Cẽ chreidis filia, iracundia Veneris, quod mater eius præferetur Deæ, in patrem impio amore exarsit. Cæterùm nullam explendi sui desiderij rationem inueniens, vitam laqueo finire constituit. Quam in cubiculo suspensá & adhuc gementem, cùm nutrix audiret, & causam mortis ex ea clàm quæreret, effecturá se promisit, vt cum parente sine vllo infamiæ periculo coniũgi possit.

ENARRATIO.

Myrrha suum fœdo dilexit amore parentem,
 Quamuis à multis est adamata procis
Huic tamen infudit scelerata libidinis ignem
 Fortiter Eumenidum de tribus vna soror.
Vt patre cum Cynira vetita concumbere lecto
 Vellet, & infami se maculare toro.
Vulnus alit venis rabidos vix opprimit æstus,
 Nec requiem placidi nocte soporis habet.
Sæpe pater dixit, tibi delige nata maritum
 Quem cupis, hunc ipsum me tribuente feres.
Hæc silet, ac tepidis suffundit lumina guttis,
 Æstuat, & sceleris conscia mente furit.
Post vbi lasciuos planè desperat amores,
 Molitur laqueo stringere colla sibi,
Appendit zonam summo de poste reuinctam,
 Chare pater dicens, iam moritura vale.
Verborum strepitum nutrix audiuit, & illam
 Eripiens, instans mortis abegit onus.
Cumq; parente nouam Venerem promisit eidem:
 Fiet, ait, votis vt potiare tuis.

ALLEGORIA.

Exemplum tetri proponitur illud amoris,
 Discat vt incæstum quisq; cauere scelus:
Nam natura vetat se tam fœdare nefando
 Crimine, sunt furiæ talis origo mali.
Instillat Sathanas diros in corde furores,
 Nec cadit in iustum culpa scelusue Deum.

Myrrha cum parente concumbit. X.

Nus Myrrhæ nutrix, singularem quādā viam excogitauit, qua patris amore filia potiri posset. Accidit autem, vt mater eius die solenni, primitias offerens Cereri, à viro ceu moris erat, secubaret: Myrrham igitur anus noctu ad parentem Cinyram, in lecto cubanté (forma eius ut alienæ puellæ, multū prius laudata) introduxit: qui postquam cum ea ré habuit, lumen concubinæ inspiciendæ gratia sibi afferri iussit, filiam autem esse cernés, stricto gladio eam insecutus est, donec è manibᵉ eius, noctis præsidio elaberetur.

OVIDII METAM.
ENARRATIO.

Esta dies aderat multo folenuis honore
    Qua Cereri matres sacrificare solent,
Perq; nouem Veneris vitant consortia noctes
    Has inter coniux regia prima fuit.
Ergò dum socia Cinyræ iam strata carebant,
    Infandos nutrix est meditata dolos.
Inq; nouos regem miserè traduxit amores,
    Munere cùm Bacchi fortè grauatus erat:
Nam facie pulchram mentitur adesse puellam,
    Ad se quam Cinyras feruidus ire iubet.
Producit Myrrham nutrix iam nocte silenti,
    Ignari thalamos quæ genitoris adit.
Lumen abest lecto, nox atra cubile recingit,
    Adde quod hoc facinus Luna vel ipsa fugit:
Clara tegunt pariter nigrantes sydera nubes,
    Cùm patris ascendit filia fœda torum.
Visceribus sed vbi Cinyras sua viscera natæ
    Miscuit, & dictu turpe patrauit opus,
Crimine detecto Myrrham petit ense nitenti,
    Effugit hæc patrias lata per arua minas.

ALLEGORIA.

Flagitiis hominum cœli turbatur imago,
    Nec facies astris formaq; priorq; manet.
Machina terrestris scelus ob crudele tremiscit,
    Sæpius & gemitus dant elementa suos.
Talia sed cuius tangunt spectacula mentem,
    Heu vetus antiquo tramite currit homo.

Myrrha in arborem. XI.

Myrrha parentis iram euitás, in Sabæá peruenit, quæ cùm se grauidá incesto concubitu sentiret, tam vitæ fastidio quá mortis metu est affecta, & crimen suũ palàm cõfessa, Deos obnixè rogauit, vt neque superstes viuos neque mortua extinctos, offenderet. Hæc igitur ab iis exaudita in arborẽ Myrrham euasit. Infans autem Adonis cortice adhuc inclusus, à Nymphis post natiuitatẽ suã, propter egregiã corporis formã, est enutritus.

OVIDII METAM.
ENARRATIO.

Myrrha patrem fugiens, tandem tellure Sabæa
   Ventre diu portans fessa quieuit onus.
At necis vt pauor hanc miserandaq́; tædia vitæ
   Afficiunt, sic est ore precata Deos,
Numina peccaui fateor, nec triste recuso
   Supplicium, grauidus iam mihi partus adest.
Ergò mihi vitam mortemq́; negate supremam.
   Lux ingrata manet, mors mihi dura venit.
Hæc vbi dicta citò, ruptos incurua per vngues
   Porrigitur radix ossaq́; robur habet.
Fortiter excrescunt in magnos brachia ramos,
   Decolor in succos deniq́; sanguis abit:
Exteriorq́; cano duratur cortice pellis,
   Arboris & speciem Myrrha puella gerit.
Dehinc patre conceptus sub robore nascitur infans,
   Cui Lucina suas admouet ipsa manus,
Vt prodire queat duro de cortice fœtus
   Integer, en rimas protinus arbor agit.
Egrediensq́; puer vagitus edit amaros,
   At vice Naiades hunc genitricis alunt.

ALLEGORIA.

Myrrha velut sanctis placat pia numina votis,
   Nec pro commisso crimine tota perit:
Sic peccator homo sua qui malefacta fatetur,
   Haud placido Christi munere prorsus obit.
Dum modo quas meruit pœnas non ferre recuset,
   Deijcit & tollit rursus ad astra Deus.

Venus & Adonis. XII.

Adonis ex incæsto Cyniræ & filiæ eius Myrrhæ concubitu natus, tátæ fuit pulchritudinis, vt eius amore Venus, ipsa (Cupidinis beneficio) caperetur, vtque diutius illius consuetudine frui posset, vnà cum eo venationibus indulgebat, ac præcipuè fugacia sequebatur animalia, feras autem armatas vitabat, Adonímque, vt sibi ab iisdem diligenter caueret, fidelissimè hortabatur.

ENARRATIO.

Excrescit Myrrhæ de cortice natus Adonis,
  Aptaq; formoso corpore membra gerit:
Fit puer egregius, nec eo præstantior alter,
  Diligit hunc miris & Citherea modis,
Ac iuuenis sequitur tacitis vestigia plantis,
  Propter & hunc alto labitur vsq; polo.
Hunc amat, huic densis comes est amathusia sylius,
  Dum gaudet pauidis tendere lina feris:
Per dumos eadem frutices & saxa vagatur
  Læta, gerens habitus casta Diana tuos.
Venatur Damas agiles in retia ceruos,
  Pellit & in lepores excitat vsq; canes.
Illa tamen prudens à fortibus abstinet apris,
  Nec gaudet sæuos exagitare lupos.
Vitat & horrendis armatos vnguibus vrsos,
  Hoc vt idem facias te quoq; Adoni monet,
Illius & caueas temerarius esse periclo.
  Impetus est magnis iraq; vasta feris.

ALLEGORIA.

Mitia per totas pereunt animalia syluas,
  Et capiunt paruas retia tensa feras:
Vix tamen est ausus venator adire leonem,
  Sæpius euadunt lynx, aper, vrsa, lupus,
Sic humilis, iustus, simplex & fraudis egenus
  Semper in hoc varijs tunditur orbe malis:
Sed truculentus homo, polypragmon turpis & effrons
  Vi superans alios cuncta licenter agit.

Atalāta & Hippomenes. XIII.

ATalanta Schœnoei regis in Scyro filia, pedū agilitate præstans, oraculū de matrimonio cōtrahēdo cōsuluit, quod ei respōdit, vt à cōiugio prorsus abstineret. Cū autē multi proci eā ambirēt, hac lege cū ipsis cursu certauit, vt is à quo victa foret, illius coniux esset quem verò ipsa superaret, mortis discrimē subiret. Plurimis igitur à virgine deuictis & occisis, tandem Hippomenes Megarei filius, ex progenie Neptuni, cum ea in certamen descendit, & ope Veneris victoriā reportauit.

OVIDII METAM.

ENARRATIO.

Virgo fuit præstans celeris certamine cursus,
    Fertur pernices quæ superasse viros.
Filia regis erat specie pulcherrima Schœnei,
    Vxorem multi quam petiere proci:
Posse suum fieri quenquam negat illa maritum,
    Ni cursus acri victor agone foret.
Præmia velocem coniux thalamiq́; manebant,
    Mors tardis precium: Lex ea lata fuit:
Venit ad hoc pactum confidens turba procorum,
    Vincebat celeri quos Atalanta pede.
Hippomenes claro tandem de stemmate prodit,
    (Numine commotus sic Cytherea tuo.)
Aurea nam secum tria poma gerebat amantis,
    Inter currendum quæ cecidêre sinu.
Hæc dum virgo cupit sibi tollere, præterit ipsam
    Hippomenes, palmæ debita dona ferens.

ALLEGORIA.

Ceu Schœnei sobolem cursu tria poma retardant,
    Ne pedibus metam tangere prima queat:
Sic hominis tria sunt oblectamenta salutis,
    Quæ prohibent rectum ne peragamus iter:
Deliciæ molles, lucri scelerata cupido,
    Sollicitǽq; fugax ambitionis honor.
Hæc quoties sequitur, mundanaq́; præmia captat,
    De vitæ cursu tramite flectit homo:
Vincitur à Sathana, qui munera talia nobis
    Proyicit, vt cœli præripiatur honos.

Hippomenes & Atalanta in leones. XIIII.

Hippomenes cùm tribus malis aureis de se proiectis, Atalantá in cursus certamine præpediret, victoriá obtinuit. Verùm quia ingratus aduersus Venerē Deam est inuentus, vnà cum vxore íprobitatis ac sceleris sui pœnas dedit: Nam postquá impulsu eiusdē Deæ lucum matris Deorum ambo transgrediuntur continere affectus suos non potuere, quin omni religionis cultu posthabito, in loco sacrato concumberent, quamobrem à Dea in leones sunt commutati.

ENARRATIO.

Hippomenes ductu Veneris sua dona reportat,
    Ast ingratus ei thura nec vlla dedit.
Hunc igitur contra subitam Dea concipit iram,
    Vltro pòst sequitur non fugienda scelus.
Cum consorte tori pulchra Megareius Heros
    Transibat matri templa sacrata Deûm:
Sed non affectus poterant cohibere pudendos,
    Turpis & illorum cor stimulabat amor.
Concumbunt vnà tacito prope fana recessu,
    Qui locus est prisca religione sacer.
Heu sanctam maculant ædem, Diuisq́; dicatam,
    Nec vetito dubitant se temerare probro.
His offensa dolet mater veneranda Deorum,
    Mergat & in stygios ambigit hosce lacus.
Pœna placet leuior, veterem mutare figuram
    Scilicet, & vultus attribuisse nouos.
Vertitur in sæuos citò corpus vtrunq́; leones,
    Tempus & in syluis fœmina virq́; trahunt.

ALLEGORIA.

Qui benefacta Dei fida non mente recondit,
    Haud est humano nomine dignus homo.
Immemores igitur sua tandem pœna coercet,
    Flagitium nec enim fœdius esse potest,
Quàm non pro meritis dignas persoluere grates,
    Et tamen hoc latè crimen vbiq́; patet:
Maxima pars orbis malè nunc benefacta rependit,
    Mens leuis est hominum gratia prisca perit.

Adonis in Anemonem florem. XV.

ADonim Cinyræ & Mirrhæ filiū, Venus, quem summopere diligebat, in venationibus fideliter admonuit, vt à feris armatis & truculentioribus abstineret. Is autem adhortationes hasce parùm curans, ad aprum propius accessit, & ab eo circa inguina sauciatus occubuit, cuius cruor deinde eiusdḗ Deæ beneficio, in florem purpureū, quem Anemonem nominant, est conuersus.

S iij

ENARRATIO.

Hortatur Cytherea feras vt videt Adonis
  Pectora quæ telis oppofuiſſe ſolent:
Ille ſed à monitis aures auertit, & hirtum
  Aggreſſus valida cuſpide tangit aprum.
Excutit incuruo citò ſus venabula roſtro,
  Ictibus & dentes obijcit vſq; ſuos.
Pòſt ferus inſequitur multis conatibus hoſtem,
  Ac iuuenis frendens inguina lædit aper.
Et corpus fulua moribundum ſternit arena,
  Conſpicit iſta dolens aëre vecta Venus,
Exanimemq́; ſuo voluentem membra cruore
  Cernit, dum calido ſanguine fœdat humum:
Deſilit è cœlo Dea tundens pectora palmis,
  Triſticiaq́; ſuas dilaniata comas.
Ne tamen omnino iuuenis monumenta quieſcant
  Sanguis habet floris nunc ſimulacra rubri.

ALLEGORIA.

Difficiles tentat quicunq; ſubire labores,
  Et ſupra vires grandia cœpta mouet,
Ille ſuo capiti clades accerſit amaras,
  Quod tua mors nobis pulcher Adoni probat.
Ergo ſibi caueat minor irritare potentem,
  Nam conſtat longas regibus eſſe manus.
Res cadit haud adeò bene ſollicitare tyrannos,
  Si quis & abiecto gaudet adire metu.
Ales fulminiger pacatos vincit olores,
  Nec fruſtra miluum parua columba timet.

FINIS LIB. X.

OVIDII METAM.
LIBER XI.
Orpheus à Bacchis mulieribus interficitur. I.

ORpheus Oeagri fluminis & Calliopes filius, mulierum consuetudine post amissã Eurydicen prorsus aspernabatur. Quam ob causam Threiciæ mulieres, Bacchi sacra celebrantes, ipsum in ferarũ coetu cantantẽ, eásque suauiter demulcentem, magno cum impetu inuaserunt & membra eius dilacerantes, de sua immanitate non prius destiterunt, quàm ipsi omninò vitam adimerẽt, & crudelem interitum afferrent.

S iiij

OVIDII METAM.
ENARRATIO.

Carmine cùm longo syluas mulceret opacas
 Threicius vates, saxa ferasq́; trahens.
Et pòst Eurydicen viduam sine coniuge vitam
 Transigeret, cithara tædia mœsta leuans:
Ecce nurus Ciconum furiis immanibus actæ,
 Fata viro properè sanguinolenta parant.
Pellibus armatæ circum præcordia duris,
 Orphæa de summo vertice montis agunt:
E quibus vna ferox robustis viribus hastam
 Firmiter in vultus vatis & ora iacit.
Altera pòst lapidem mittit, sua quælibet arma
 Gestat, & in miserum vi petulante ruit:
Fit strepitus iunctæ poscunt ad funera vatem,
 Qui frustrà duplices tendit ad astra manus:
Nec prius absistunt ictus geminare feroces,
 Quàm de pallenti spiritus ore fugit.

ALLEGORIA.

Esse docet, nullum sic implacabile monstrum,
 Fabula, quàm mulier mota furore suo.
Quæ neq́; sermonis dulcedine flectitur vlla,
 Nec sinit effusas pondus habere preces:
Sæpius horrendo rapidum mare vertitur æstu,
 Salsaq́; ventosis fluctibus vnda tumet,
Ignis & ad cœlos flammis crepitantibus exit,
 Absumens villas oppida, rura, pagos,
Tanta sed hæc nunquã portant incommoda, quantũ
 Exitij vecors fœmina ferre solet.

Lyram & caput Orphei Hebrus excipit. II.

ORpheum à Bacchis mulieribus crudeliter interfectū, Nymphæ, arbores, saxa, feræ miserandum in modū deflebant. Mulieres autem indignatæ, caput eius à membris auulsum, vnà cum lyra in flumen Hebrū proiecerunt, quæ cùm in mare, & hinc in insulá Lesbon, delata essent, serpens quidam horribilis caput Oephei dilaniaturus, ab Apolline in saxum conuersus est.

ENARRATIO.

Vatis Apollinei postquam miserabile corpus
 Mænades atroci diripuere manu:
Illius interitum silices, mœstæq; volucres
 Et frondes nemorum funera sæua dolent.
Plurima depositis luget quoq; frondibus arbor,
 Augentur lachrymis flumina quæq; suis.
Naiades & ventis præbent diffundere crines,
 Dum vatis sparsim membra iacere vident.
Pòst caput atq; Lyram circunfluus excipit Hebrus
 Ambo quæ Lesbi littus ad vsq; natant.
Obstitit hic serpens, sparsosq; cruore capillos
 Lambit, & in vultus oraq; tota ruit,
Conaturq; caput rabido diuellere morsu,
 Sed mox propicio numine Phœbus adest.
Mutat & in lapidem corpus lethale draconis,
 Trux & adhuc rictus pandit imago suos.

ALLEGORIA.

Ora velut vatis morsu lacerauit acuto
 Serpens, qui silicis nunc monumenta gerit:
Oblatratores sic inueniuntur amari,
 Qui bona non raro carpere scripta solent,
Vulnificoq; sacros arrodunt dente Poëtas,
 Nil tamen hi dignum promere laude queunt.
Innumeros reperis qui non maledicere cessant
 Immeritis tantùm liuida lingua valet.
Sæpius hæc nomen lædit, famæq; bonorum
 Detrahit, ac veluti lethifer anguis obest.

Optio Midæ. III.

Midas, Phrygiæ Rex, Silenum Bacchi famulum à rusticis captum, sibíque traditum, Baccho reddidit, ob quod beneficiũ optandi facultatem à Deo consecutus est. Cùm igitur rex, vt quæcunque attrectaret, aurum fierent, petiisset, voti compos est redditus: & quicquid attigit, aurum euasit, adeóque cibꝰ & potus, vt nihilo amplius vesci posset. Tandem stultitiam suam agnoscens Midas, à Baccho iussus est se totum in flumine Pactolo lauare, hinc aqua illa aurei coloris esse cœpit.

ENARRATIO.

Silenum Bacchi famulum gens rustica quondam
   Cepit, & hunc regis traxit ad ora Midæ:
Reddidit at seruum iuueni dux mitis alumno,
   Munera quæ Bromio grata fuêre Deo.
Accipit hinc aliud donum Berecynthius heros,
   Optandiq́; viro copia plena datur.
Corpore quicquid (ait) tangam vertatur in aurum,
   Hæc rogo sit voti portio certa mei.
Annuit optatis Liber, meliora sed illum
   (Cui nihil obstiterat) non petijsse dolet.
Succedit votum Regi, sed munera dement
   Aurea contactu fert nocitura sibi:
Namq́; cibus vacuam nullus descendit in aluum,
   Ac radians aurum potus & esca fuit.
Ergò petit primis Phrygius contraria votis,
   Et sua Pactolo flumine membra lauat,
Eluit hic crimen Baccho monstrante nefandum,
   Rursus & in ventos optio turpis abit.

ALLEGORIA.

Ante Midas oculos regem proponit auarum,
   Feruida multarum quem sitis vrget opum:
Hoc vitium latè constringit vbiq́; potentes,
   Pythion haud impar sollicitauit amor.
Cœlitus at Solomon optandi munera nactus,
   Non petit immensas quas amat orbis opes,
Vt mentem potius sapientia vera gubernet,
   Orat, & à Domino munus vtrunq́; tulit.

Midæ aures in Asininas. IIII.

MIdas facultaté auri efficiundi, opésque perosus, in sylvis degebat, Panáque pastorum Deum colebat, qui cùm fistula inuenta, sibi multùm Nymphis placere videretur, Apollinem in certamen prouocauit, Tmolo montis Deo, iudice constituto, à quo Apollini victoria alijs omnibus assentientibus, est attributa, id autem solus Midas pro sua stultitia improbare ausus est. Qua re Apollo offensus, Midæ aures in asininas conuertit, vt eius stoliditas omnibus innotesceret.

OVIDII METAM.
ENARRATIO.

Optio stulta Midæ dum nil prodesset, opaca
   Quæsiuit nemorum lustra, perosus opes.
Pana Deûm reperit pastorem, carmina Nymphis
   Iactantem, variis quæ sonuere modis.
Ausus erat Phœbi præ se Pan spernere cantus,
   Hinc ad certamen promptus vterq; venit.
Iudice sub Tmolo pariter contendere gaudent,
   Sed palmæ victor præmia Phœbus habet.
Omnibus & Tmoli sententia lata probatur.
   Obtuso solum displicet ista Midæ:
Humanas igitur perdit Berecynthius aures,
   Quas in rege Deus non tolerare potest.
Inq; nouam Phœbo placet has mutare figuram,
   Repletas villis instabilesq; facit.
Exurgunt aures tardè gradientis aselli,
   Corporis at retinet membra priora Midas.

ALLEGORIA.

Competit in stupidos & auaros fabula reges,
   Esse quibus cordi Musica vera nequit:
Nanq; bonas spernunt indocti turpiter artes,
   Nec studiis hilari mente fauere solent.
Plus apud hos aurum quàm sacra scientia pollet,
   Sinceræ stolidi dum rationis egent.
Barbaries hodie plus quàm doctrina salubris
   Efficit, & Musis paruus habetur honos.
Ingenium mundi crassum malus occupat error,
   Et latet humana mens asinina cute.

Neptunus & Apollo. V.

Apollo & Neptunus, cùm Laomedonta regem Troiæ, filium Ili, mœnia vrbis ædificantem viderent, in humaná côuersi speciem aurum prius cũ eo paciscentes, se opus quàm citissimè absoluturos, promiserũt. Perfectis autẽ mœnibus pactionẽ initá Laomedõ prorsus negauit. hoc Neptunus indignè ferens, diluuium agris Troianis immisit, Regéque, vt filiam suam Hesionem beluæ proiiceret marinæ coegit. Qua liberata ab hercule, denuo fraudulent⁹ est, repertus ideóque Hercules Ilium expugnauit.

ENARRATIO.

Moliri, postquam Troiæ noua mœnia Phœbus
    Neptuno iunctus Laomedonta videt,
Cœptaq; difficili surgunt immensa labore,
    Auxilium defert promptus vterq; suum.
Humanam pariter ficta sub imagine formam
    Sumunt, & regi mœnia celsa struunt.
Attamen ex auri pacto labor iste subitur,
    Ecce breui magnum tempore stabat opus.
Rex precium negat, & verbis periuria miscet,
    Vltio perfidiam mox comitatur atrox:
Nam Nereus conuertit aquas ad littora Troiæ,
    Argolicosq; vago flumine perdit agros.
Poscitur æquoreo regis quoq; filia monstro,
    Herculis at forti salua fit ipsa manu.
Qui dum victor equos repetit pro munere dictos,
    Laomedon simili præmia fraude negat,
Hinc capit Alcides periuræ mœnia Troiæ,
    Cumq; suis vrbem depopulatur ouans.

ALLEGORIA.

Haud celare queunt homines periuria falsi,
    (Cuius sunt oculis cuncta reclusa) Deûm,
Neglectamq; fidem sequitur sua pœna tyrannum,
    Vltio seu Phryginum sanguinolenta petit.
Inuenies hodie periuros vndiq; multos,
    Pollicitis alios qui recreare solent:
Ast vbi sunt tandem confecta negocia, seruis
    Reddere mercedem, quam meruere, negant.

Peleus & Thetis. VI.

PRoteus Deus marinus & vates, cū Thetidi Chironis filiæ prædixisset, si viro nuberet, fore vt natum parente suo fortiorē pareret, Iuppiter cum ea concumbere non ausꝰ Pelea nepotem suum ad eius amorē incitauit. Is igitur virginem in specu iacentē amplexus primùm spe sua frustratus est, nunc enim in volucrem, nunc in arborem, nunc in Tygrim se Thetis transformabat. Tandem verò consilio Protei, vinculis eam ligans arctéque tenens cōcubitu Nymphæ potitus, ex ea Achillem Græcorum fortissimum progenuit.

ENARRATIO.

Proteus æquoreæ Thetidi prædixerat olim,
　　Edens fatidico talia verba sono:
Concipe, nam natum paries, cui fortibus armis
　　Acta sui dabitur vincere magna patris.
Iuppiter idcircò Nymphæ connubia vitat,
　　Quamuis sub calido pectore flagret amor:
In sua sed mandat succedere vota nepotem
　　Pelea, qui promptè perficit illud opus,
Inq́; specu Nympham (dum victa sopore iacebat,)
　　Obruit, & manibus colla retorta premit:
Illa sed in varias ibat mutata figuras,
　　Nunc fera, nunc volucris, nunc grauis arbor erat
Territus Æacides diuos in vota vocabat,
　　E medio Proteus gurgite mersus, ait:
Cùm pòst Nymphæ Thetis sopita recumbet in antro,
　　Illius laqueis crura manusq́; liga.
Nec te decipiat multis mutata figuris,
　　Sollicitè digitis sed preme quicquid habes.
Paruit his Peleus, Nymphaq́; potitus, Achillem
　　Progenuit, quo non Heclade maior erat.

ALLEGORIA.

Pressa sopore Thetis mediá cum nocte quiescit,
　　Surripitur vinctæ virginitatis honor:
Sic homo dum genio, ventri crassoq́; veterno
　　Indulget, Sathanæ fune ligatus obit.
Dispulsis igitur cæcis de mente tenebris,
　　Ad vocem sponsi nos vigilare decet.

Chione à Diana sagittis confossa. VII.

PEleus fratre Phoco occiso, in exilium eiectus, ad Ceycem Trachinis, vrbis Thessaliæ regem, miserandum Dædalionis fratris casum lugentem, confugit. Nam Dædalion Luciferi filius Chionem habuit filiam, quæ cum ex Mercurio Autolycum, & ex Apolline Philamnoné peperisset, Dianæ forma se præferre ausa est. Dea igitur indignata, eam sagittis confecit, cuius mors Dædalionem táto dolore affecit, vt seipsum ex Parnasi montis vertice, in mare præcipitem daret, ope autem Apollinis in accipitrem est conuersus.

T ij

OVIDII METAM.

ENARRATIO.

Nomine Dædalion fuerat dux Theſſalus alto
    Stemmate, Lucifero de Genitore ſatus.
Acer erat bellis ad vimq́; paratus & arma,
    Ipſius & placuit filia mille procis.
Hanc pariter Phœbus, Maiáq́; creatus amauit,
    In Chionemq́; potens arſit vterq́; Deus:
Quæ ſimul amborum geminos de ſemine fœtus
    Concipit, hosq́; ſuo tempore læta parit.
Editur Autolycus primo, ſequiturq́; Philamnon,
    Vnaq́; producit corpora bina dies.
Obfuit at Chionæ partus, quia turgida faſtu
    Contempſit formam pulchra Diana tuam.
Hinc Dea mota ferox odium concepit, & arcum
    Intendens, manuum ſpicula torſit ope.
Lethalis linguam mox figit arundo ſuperbam,
    Effuſo pariter vita cruore fugit:
Dædalion natæ fortunam luget acerbam,
    Tædia nec lucis ſuſtinuiſſe valet:
Vertice Parnaſi præceps ſe mittit ab alto,
    Accipitrem Phœbus quem cito fecit auem.

ALLEGORIA.

Exitium raro ventoſa ſuperbia vitat,
    Et ſua grandiloquus præmia faſtus habet.
Os certè tumidum Deus execratur & odit,
    Nos veluti Niobes fata docere queunt,
Turgida quapropter ſubmittite corda ſuperbi,
    Sæpe fit vt turris fulmine tacta ruat.

Lupus in saxum. VIII.

ANetor armentorum custos, qué Peleus ad Ceyca regem Thrachinis adduxerat, refert quo pacto lupº horribilis, cui nemo resistere ausit, & homines & armenta crudeliter interimat. Intelligens autem Peleus, hoc sibi Psamantes Nymphæ marinæ ira (quòd Pho cum ex ipsa, & Aeaco genitum interfecisset) accidere, suppliciter eam rogauit, vt de luppo pœnam sumeret. Factum est igitur vt illa Thetidis etiam precibus mota, feram in saxũ commutaret.

OVIDII METAM.

ENARRATIO.

Plurima Lucifero genitus miracula narrat
  Æacidæ, suasit cui sua culpa fugam.
Qui dum fortè diem vario sermone trahebant,
  Armenti pastor tristis Anetor adest:
O Peleu, Peleu venio tibi nuncius (inquit)
  Cladis inauditæ mens mihi plena metu.
Sol vbi iam medius paruas effecerat vmbras,
  Irruit in nostrum belua vasta gregem.
Nempe lupus rabido sæuißima guttura pandens,
  Qui miseros auido deuorat ore boues.
Pars quoq; de nobis lethali saucia morsu
  Occidit, & tutus viuere nemo potest.
Extemplò Peleus Psamantes colligit iram,
  Prolis ob interitum tanta tulisse mala.
Ergò sibi donis Nympham, votisq; benignam
  Reddit, & abiecta mente precatur opem.
Flectitur ad veniam Dea, præsidioq; rogantem
  Munit, & in rabidum vertitur ira lupum:
Ne pariter posthac hominesq; gregesq; trucidet,
  Protinus in saxum belua grandis abit.

ALLEGORIA.

Ceu lupus hic raptat pecudes, stragemq; nefandam
  Edit, & in totum sæuit vbiq; gregem:
Sic hominem facinus quicunq; patrauit iniquum,
  Conscia mens sceleris nocte dieq; ferit.
Et secum diris gestant in cordibus hostem,
  Innocuo quibus est sanguine tincta manus.

Ceyx naufragio perit. IX.

Ceyx Luciferi filius, fratris casu sollicitus, ad Clarium oraculum consulendũ iter cùm institueret, diu ab Halcyone vxore eius detentus fuit: rege autem promittente, se intra duos menses reuersurum, à coniuge veniam eundi consequitur. Verùm in Ægeo mari Ceyx graui orta tempestate, naufragiũ fecit: diúque in aquis tabulæ adhærens, suǽq; saluti consulere volens, accrescentibus vndis miserè tandem extinctus est.

ENARRATIO.

Fratris ob interitum turbatus pectora Ceyx
    Responsum Clarij tentat adire Dei:
Ora sed Halcyones lachrymis maduere profusis.
    Hanc etenim tristis terret imago freti.
Rex tamen vrget iter, naues simul instruit altas,
    Iurans ad patrias velle redire domos,
Antè senescentem quàm Luna bis impleat orbem,
    Vxoremq́; bona mente valere iubet.
Vix famuli curuas soluunt à littore puppes,
    Mox tonat horrisonis fluctibus omne fretum,
Partibus oppositis nigranti turbine venti,
    Vndiq́; concurrunt & fera crescit hyems.
Fit fragor vndarum strepitu pontusq́; procellis
    Personat, & certum nauita nescit iter.
Deficit ars animosq́; parum fiducia firmat.
    Hic stupet, hic duplices vertit ad astra manus.
Puppis ad extremum nimboso turbinis æstu
    Mergitur, & miserè multa caterua perit:
Æquoreis etiam Ceyx deletur in vndis,
    Halcyonemq́; suam mortis agone vocat.

ALLEGORIA.

Degimus expositi varijs sine fine periclis,
    Nec vitæ nobis exitus ipse patet:
Mors species habet innumeras fraudesq́; nocendi,
    Expectat lethi quemlibet atra dies.
Diuersa ratione tamen secedimus omnes,
    Namq́; genus cunctos & necis hora latet.

Halcyone supplicat Iunoni. X.

HAlcyone mariti sui Ceycis aduentū magno expectans desiderio, quia præstituto tempori non respondisset, indies maiori luctu afficiebatur, metuens, ne in nauigatione periculosa vitam finisset. Supplicabat igitur Diis, & inprimis Iunoni eámque submisse obtestabatur, vt Ceyca (qui amplius in viuis nō erat) saluum & incolumem reduceret. Iuno autem Iridem ad somnum misit, qui Halcyone per quietem Regis interitum aperiret.

ENARRATIO.

Æolis expectans fidum Ceyca maritum,
 Anxia sollicito corda tremore grauat.
Nescia naufragij licet attamen vsq; reuoluit,
 Et secum reputat fata seuera maris,
Dinumerat noctes crebro metamq; dierum
 Computat, & reditus coniugis vnà cupit,
Aduentumq; sibi regis promittit inanem,
 Omnibus & supplex fert pia thura Diis:
Sed sacra præcipuè Iunonis templa frequentat,
 Illius & magno numen honore colit:
Accumulatq; frequens multis altaria donis,
 Irrita proq; suo coniuge vota facit:
At pro defuncto longum non diua rogari
 Sustinet, aut pauido corda tenere metu.
Propterea pulchram velociter aduocat Irin,
 Quam iubet ad Somni limina ferre gradum.
Nunciet is noctu mortem Ceycis acerbam.
 Quem fluido mersit funere summa dies.

ALLEGORIA.

Argento non est vxor redimenda nec auro,
 Ceu fuit Halcyone mitis amansq; viri:
Est proba thesaurus coniux præciosaq; gemma,
 Namq; Dei dono non aliunde venit:
Quod si fortè malum quatiat, casusue maritum
 Percellat, durum suscipit vxor onus.
Communemq; dolet sortem lenitq; precando,
 (Dum diuina vocat numina) sæpe crucem.

Descriptio domus Somni. XI.

IVno Halcyonem pro reditu mariti nequicquam vota facientem miserata, Iridem nūciam suam ad Somnum misit, cui mandaret, vt is per quietem Halcyonæ eadem forma & habitu, appareret, in quo Ceyx naufragium faciens, interiisset. Prius autem & habitatio Somnì, & triplex somniorum genus à Poëta luculenter describitur, quàm Iridis eò profectæ mandatum exponatur.

ENARRATIO.

Sunt prope Cimerios lenti penetralia Somni,
 Quæ radiis nullo tempore Phœbus adit.
Nox & ibi nebulas generat caligine densas,
 Non canis hic sedem non vigil ales habet:
Non fera, non hominis vox intonat auribus ulla,
 Sed capitur strepitu tuta silente quies.
Riuus aquæ lethes tacito quem murmure reddit,
 In medio stertens Rex cubat ipse toro:
Plumeus vnicolor mollis languore solutus,
 Quem circa passim somnia vana iacent.
Excitat hunc Iris, placidissime somne Deorum,
 Hæc ego Iunonis nomine iussa fero.
Somnia mitte cito veras imitantia formas,
 Naufraga Ceycis quæ simulacra gerant,
Halcyonem pariter doceant de sorte mariti,
 Muneris id Morpheus, rege iubente, capit.
Exprimit hic hominum vultusq́; sonosq́; loquendo,
 Et superat socios strenuus arte suos:
Non Icelon fallax, non talia Phantasos audet,
 Ergò domi famulos Rex iubet esse duos.

ALLEGORIA.

Somnia sunt hominum certis distincta figuris,
 Ominibus vanis multa scatere liquet.
Præsagire solent casus nonnulla futuros,
 Cœlitus & mittit somnia sæpe Deus,
In quibus accipiunt iusti præcepta salutis,
 Non rarò Sathanas pectora nocte subit.

Ceyx cum vxore in Halcycones. XII.

MOrpheus (Somniorum genus) Ceycis corpus repræsentans, Halcyone noctu in lecto cubanti, apparuit, & coniugis interitum nunciauit. Mane igitur regina expergefacta, ad littus vnde maritus soluerat, accurrit ibíque casum Regis deflens, cadauer exangue Ceycis, fluctibus maris circumuolui eminus conspexit, ad quod cùm per vndas exilire vellet, in auem sui nominis mutata, & corpus coniugis in eandem volucrem masculini sexus est conuersum.

ENARRATIO.

Æmoniã Morpheus subitò cõtendit ad vrbem
   Et stetit Halcyones luridus ante torum.
Ceycis formam referens sine vestibus vllis,
   Exanimi similis talia dicta dedit:
Expectas auidè Ceyca miserrima coniux
   Sed te nequicquam spes animosa fouet.
Aspicis hîc tantum pro coniuge coniugis vmbram,
   Naufragus interij corpore mersus aquis.
Indeploratum ne me sub Tartara mittas
   Surge precor, lachrymis ora genasq; riga.
Ingemit Halcyone, fletusq; effundit inanes
   Nocte, dehinc celeris littora mane petit.
(Viderat vnde suum discedere mœsta maritum.)
   Spectat & in liquidis nare cadauer aquis.
Coniugis extemplo vultus agnoscit, in æquor
   Prosilit, & gelidum tangere corpus auet.
Ecce citò geminæ volucres in flumine surgunt,
   Nomen & Halcyonis fœmina virq; gerunt.

ALLEGORIA.

Educat Alcedo brumali frigore pullos,
   Et medio nidis æquore tuta cubat:
Namq; dies septem placidus sine turbine pontus
   Subsidet, ac venti flamina nulla cient.
Sic inter medios Ecclesia sacra tumultus
   Nidificans, mundi sustinet ægra minas,
Vt tamen illa queat lætos producere fructus,
   Obtegit hanc almi cura benigna Deûm.

Aesacus in mergum. XIII.

AEsacus Priami filius, ex Alixothoe Nympha progenitus, cū amore Eperies Nymphæ captus, eam fugientem persequeretur, in culpa fuit, vt ipsa ex improuiso mortem obiret: nam inter festinandum à serpente lethaliter icta interiit, cuius mors Æsaco tantum luctus & mœroris attulit, vt seipsum ex alto scopulo præcipitem daret, sed medio volatu in mergum auem Tethys Dea, filia Titanis, eum transmutauit.

OVIDII METAM.
ENARRATIO.

Aesacus antiquo Troum de sanguine cretus,
　Eperies blando captus amore fuit.
Oderat hic vrbes montesq; colebat opacos
　Rarus & iliacos sueuit adire choros:
Non tamen omninò cor gestat amore remotum,
　Fixus in Eperiem lumina namq; iacit,
Dispersos humeris dum siccat sole capillos,
　Hunc et cerua canem territa Nympha fugit.
Dúq; ita per frutices properat, latet anguis in herba
　Stringens lethifero virginis ore pedem.
Occubat Eperie diro serpentis ab ictu,
　Aesacon immanis luctus & horror habet.
Ac se præcipiti saltu demittit in æquor,
　Excipit hunc miti candida Tethis ope.
Et vestit plumis, ales de nomine Mergus
　Nascitur, in gelido flumine membra lauans.

ALLEGORIA.

Mercator fuerat gemmis prædiues & auro,
　Aesacus, historiæ ceu monumenta docent,
Cui merces olim rapidis periere procellis,
　Hinc suis amissas æquore quærit opes.
Hac igitur volucris Mergus depingit auarum,
　Qui se mundano tingit in amne frequens:
Nam sibi thesauros perituráq; munera tantùm
　Dum legit, est toto pectore fixus humi.
Terrenisq; bonis altè submersus, vt aulam
　Rarius ad superam corda leuare queat.

FINIS LIB. XI.

OVIDII METAM.
LIBER XII.
Iphigeniæ immolatio. I.

AChiui expeditioné duce Agamemnone in Troiam facturi, cùm in Aulide sacrificarent, reliquos ibi expectantes Græciæ principes, Agamemnon Dianæ ceruam imprudens occidit. Dea itaq; irata, tantam tempestatem cócitauit, vt eorum classis inde soluere nequiret. Peste etiam ibidem grassante, consultus Calchas, respondit: hoc malum non nisi Agamemnonis filiæ Iphigeniæ immolatione tolli posse. Hæc igitur patris consensu ad aram deducta, à Diana surripitur, eiúsq; loco cerua substituitur.

V

ENARRATIO.

Excidium Troiæ dum gens minitatur Achiua,
 Aequoris & denso milite tranat iter.
Inuia redduntur discordi flumina vento,
 Afflat & Argolicas aura sinistra rates.
Læserat imprudens Agamemnon fortè Dianam,
 Huius enim fossus cuspide ceruus erat.
Thestorides augur placari numinis iram
 Virgineo læsi sanguine posse refert:
Vt vicit pietas & publica causa parentem,
 Altari prolem destinat ipse suam,
Nec Danaum voluit natam præferre saluti,
 Dummodo placaret victima cæsa Deam.
Haud mora, flagranti candens adducitur aræ,
 Filia pro toto iam moritura grege:
Sed Dea per nebulam squalentia lumina fallit,
 Efficit & tenerum ne cadat ense caput.
Substituens aræ, rapta pro virgine ceruam,
 Sic secura necis casta puella manet.

ALLEGORIA.

Non homo propterea mortali vescitur aura
 Fractus, vt effugiat magna pericla, metu:
Sed decet ingenuum sociis succurrere lapsis,
 Et sua pro patria dedere membra neci.
Sic bonus Atrides soboli non parcit amatæ,
 Vnam pro multis occubuisse iubens:
Publica priuatis excellunt commoda rebus,
 Est nihili solùm qui sibi viuit homo.

Conflictus inter Græcos & Troianos. II.

Cum fama iam in toto terrarum orbe diuulgatum esset, Græcos aduersus Troiã atrox mouere bellũ, Troiani vim primo quasi impetu factam propulsantes, cum Danaũm exercitu manus conserunt, & initio Protesilaũ Iphicli filium interimũt: dehinc Achilles bellator strenuus huius morte vlciscens, totis viribus in Cygnum Neptuni filium irruit, quẽ tamen vulnerare nullo modo potuit, omniáq; tela in eum coniecta, sine effectu deuolarunt.

OVIDII METAM.

ENARRATIO.

Dum circum belli prænuncia fama recentis,
 Præcipiti penna per loca multa volat,
Aduentumq́; canit Danaûm, puppesq́; Pelasgas,
 Territat & Teucrûm pectora tunsa metu:
Nobilis his tandem redit in præcordia virtus,
 Vt subita capiant bellica tela manu.
Depellunt hostes aditu, littusq́; tuentur,
 Fortiter, & Troiæ mœnia celsa tegunt.
Ingens fit sonitus, strident hastilibus auræ,
 Intonat armorum Marte furente fragor.
Iniaciunt sese stricto pars vtraq́; ferro,
 Heu cadis Hectorea Protesilae manu.
Sustentant aciem quæ stant hinc inde phalanges,
 Terraq́; multiplici funere pulsa sonat.
Sternit & innumeros proles Neptunia Cygnus,
 Spicula cui poterant lædere nulla cutim.
Gramine post currum viridante retorquet Achilles,
 Strenuus ense necans agmina crebra virûm:
Nunc impune vagans Cygnū, nunc Hectora quærit
 Tradere quos letho sanguinolentus auet.

ALLEGORIA.

Prælia consurgunt hic Troas & inter Achiuos
 Prima, sed euentus pòst grauiora tulit.
Iliaci donec labuntur mœnia regni,
 Et vetus excisa corruit vrbis honor:
Oppida celsa cadunt, quæ mista superbia luxu
 Perdidit, hæc iræ sunt monumenta Dei.

Cygnus ab Achille suffocatus. III.

POstquá Achilles in acie contra Troianos, Hectorem & Cygnum, qui eadé in pugna multos interfecerát, sternédos sedulò quæsiuit tandem in Cygnū incidit: in qué licet multa tela iáceret, nullū tamen eius corpori adhæsit. Achilles igitur veheméti commotus ira, è curru, quo vehebatur, desilijt: comínúsq; hostem aggressus eum supra saxum præcipitatū, ense trásfodit: qui deinde à patre Neptuno, ne memoria eius morte aboleretur, in albam sui nominis auem est commutatus.

OVIDII METAM.
ENARRATIO.

Incidit in Cygnum postquam furibundus Achilles
    Exhortatur equos approperare suos.
Et moto torquet vibrantia tela lacerto,
    Attingunt iuuenis spicula missa latus.
Protinus exclamat: Mortis solamen habeto,
    Quisquis es, à forti fixus Achille cadis.
(Hæc ait Aeacides, telum iaculatus ab arcu,
    Dum valida Cygni cuspide corda ferit.)
Sed missi resonus ferri nil proficit ictus,
    Trux inuicta nimis robora iactat homo.
Belliger irarum Pelides fluctuat æstu,
    Hostis & in corpus tela secunda iacit.
Cùm verò Cygni sine vulnere senserat artus,
    Vt quondam clamat, nil mea dextra potes?
Toruus & ante suis tanquam male crederet actis,
    Mittit in obstantem spicula torta virum:
Quem sternit valido rumpens præcordia ferro,
    Cygnum deinde furens ense nitente petit:
Vi cadit Aeacidæ miser (heu lapis obstitit illi.)
    Elisoq; diem gutture pressus, obit.
Sed dum victor ouans victum spoliare parabat,
    In volucrem penna præpete Cygnus abit.

ALLEGORIA.

Qui se posse putat nullis occumbere telis,
    Errat, & indicit bella cruenta Deo.
Nemo suis nimium nitatur viribus audax,
    Sunt hominum fragili corpora texta luto.

Cænis puella in virum. IIII.

Cænis Elati, Lapitæ filia, à multis, ob formam amabatur, sed nullum procorū connubio suo dignata est. Hæc cùm aliquādo in maris littore deābularet, à Neptuno vi cōprimebatur: qui ei, vt iniuriæ crimē à se amoliretur, optionem concessit, vt quicquid peteret, acceptū ferret. Puella igitur illicò, in virum fortissimum trāsmutari, qui à nullo vulnerari posset, obnixè petiit. Quod cùm cōsequeretur, etiā mutato nomine Cæneus, virgo in bellicosissimū cōuersa militē est appellata.

V iiij

ENARRATIO.

INgenuo Cænis formoso decore puella
  Multis est frustra sæpe petita procis.
Hæc dum ventisoni spaciatur ad æquora ponti,
  In viridi glauco littore visa Deo est.
Virginis illicito pelagi dux ardet amore,
  Herboso patitur vimq; puella toro.
Sed lasciua Deus Veneris cum gaudia cepit,
  Omnia iam dixit, quæ petis ipsa feres.
Elige quid voueas nostræ secura repulsæ,
  Ambiguo Cænis pectore multa putat:
Soluit in eloquium tandem quod corde latebat,
  Des fortem fieri me peto posse virum.
Sic ait: at Nereus seruat promissa puellæ,
  Membraq; confestim mascula virgo gerit.
Vox grauiore sono de gutture promitur alto,
  Crescit & in fortem fœmina tota virum.
Corpus item prorsus nullo penetrabile telo
  Donat ei magnus Rex domitorq; freti.

ALLEGORIA.

Mollis erat valde Cæneus iuuenilibus annis,
  Fingitur hinc virgo plena fuisse metu.
Sed velut è timido tandem fortissimus exit
  Miles, & inuicto prælia Marte gerit:
Haud aliter quondam diuini numinis aura,
  Corda dedit pauidis grandia sæpe viris,
Vincere quos sæui nunquam potuere tyranni,
  Gratia martyribus contigit ista pijs.

Inter Lapithas & Centauros pugna. V.

Cæneus à Neptuno amatore suo, in virũ cui nullũ vulnus infligi poterat, côuersus, alios omnes præ se contempsit, insolenter robur suum iactitans, adeò vt neque Deos neque homines vllo honore afficeret. Hac autẽ superbia & impietate sua, Iouis iram in se côcitauit. Nam in pugna à Cẽtauris in Pirithoi nuptiis mota, multos hostium cùm interfecisset, tandem à Centauris, reuulsis arboribus oppressus, & à Neptuno in volucrem mutatus est.

ENARRATIO.

Audaci celebrans tædas Ixione natus,
    Conuocat Æmonios, Nubigenasq́; feros.
Multiplici resonant extructa palatia cœtu,
    Atria suspenso lumine tota nitent.
Mente canunt hilari, dapibus quoq́; corda relaxant,
    Et vacuant calices ebria turba mero.
Centaurus turpes sed rixas commouet audax
    Eurytus vt Baccho iam madefactus erat.
Protinus euertunt stratas conuiuia mensas,
    Et tremula stringunt arma cruenta manu:
Fœmineus pariter tendit super æthera clamor,
    Pocula per turbas vndiq́; missa volant.
Eurytus ense cadit, stragesq́; miserrima passim
    Surgit & effuso sanguine terra madet.
Tartareas Cæneus multos demittit ad vmbras,
    Is tamen à quouis vulnere tutus erat.
Obrutus euulsæ sed tandem pondere siluæ
    Angitur, & duro tempore portat onus.
Deficit omnino fuluis & ab agmine pennis,
    Per liquidum pernix aëra tranat auis.

ALLEGORIA.

Centauros inter discors Lapithasq́; tumultus,
    Quàm ferat ebrietas multa pudenda, docet.
Hinc veniunt rixæ, de rixis prælia manant,
    Nec procul hinc cædes plena cruoris abest.
Ergò superuacui sunt euitanda Lyæi
    Pocula. Sobrietas pectora pura decet.

OVIDII METAM.
LIBER XIII.
Aiacis & Vlyssis altercatio. I.

AChille à Paride interfecto, magna iter Aiacem & Vlyssem orta est contentio, vter eius armis dignior esset. Aiax igitur negocium suum primò in consessu principum Græciæ cùm exponeret, Vlyssé in odium adducere conatus, variis ignominiis affecit: Vlysses autem deinde omnia crimina sibi obiecta diluens, eloquentia sua, qua plurimum valebat, tantum effecit, vt sibi arma omnium principum consensu attribuerentur.

ENARRATIO.

Fortis vt Aeacides Troiæ pro mœnibus altis
  A Paridis vasta cuspide tactus erat:
Inter acerba duces oritur contentio Graios,
  Quis ferat exuuias, armaq́; clara viri.
Hunc Telamoniades alacer sibi poscit honorem,
  Spernens Dulichium laudis amore ducem.
Surgit, & impatiens iræ proscindit Vlyssem,
  Liuorisq́; nigrum virus ab ore vomit.
Præclarumq́; genus nomenq́; recenset auorum,
  Corporis & vires tollit ad astra suas:
Horrida non fictis miscentur prælia verbis,
  Est validis bello viribus (inquit) opus.
Respondet contrà placidè Laertius heros,
  Obiectúmq́; sibi diluit arte scelus.
Quid grauis in bello prosit facundia narrat,
  Nil sine consilio facta valere docens.
Hinc iustas Danaûm demulcet suauiter aures,
  Dum quid præstiterint verba diserta refert.
Ergò Palidæ meritò tulit arma perempti
  Dulichius, portat nil Telamone satus.

ALLEGORIA.

Aiaces hodie multos reperire licebit,
  Aspera vox quorum nil nisi bella sonat,
Quiq́; sibi fuso quærunt in sanguine laudem,
  Sed Marti præstet lingua diserta truci.
Vincit & externum sapiens facundia robur.
  Oppida consiliis nulla carere queunt.

Clypeus Achillis. II.

THetis mater Achillis, cùm filium suum variis expositum videret periculis, ad Vulcanũ Deorum fabrum se contulit, obnixè eum rogans, vt filio arma, quibus muniretur, fabricaret. Cui ille obsecutus clypeũ mirifica pictura ornatum confecit, in quo totus terrarum orbis, omnes astrorũ cursus, nuptiæ, iudicia forensia, item prælia & obsidiones vrbium conspiciebantur. Qui deinde clypeus Vlyssi, interfecto Achille, tradebatur.

OVIDII METAM.
ENARRATIO.

Pressa Thetis quondam curis & mole laborum
 Vulcani, lachrymis humida limen adit,
Auxiliumq; petit nati commota periclis,
 Est Deus huic placidam ferre paratus opem:
Protinus incurua rude versat forcipe ferrum,
 Pulchraq; robusta fabricat æra manu.
Cudit & ingentem clypeum fornace sub alta,
 Hunc pariter mira sedulus arte notat,
Conspicitur totus signis radiantibus asper
 Orbis, & immensi picta theatra refert.
Exprimit obliquum rutilanti sidere coelum,
 Et claro celeres lumine solis equos:
Concaua cernuntur crescentis cornua Lunæ,
 Pleiades, Cepheus, Parrhasiumq; pecus.
Promicat Arctophylax, sæuusq; coruscat Orion,
 Nec desunt magni flumina vasta freti.
Præterea geminas insculpit Mulciber vrbes.
 Quælibet aurato signa decore nitent.

ALLEGORIA.

Pictura clypeus non illustratur inani,
 Loripedis docta sed fuit arte Dei:
Namq; decet reges sacras adamare Camœnas,
 Et mentem studiis applicuisse bonis.
Ista nec in summis belli deponere curis,
 Principis est: Musas nosse, supremus honor.
Dux Macedo semper cubitum cessurus, Homerum
 Narratur capiti supposuisse suo.

Aiax sibi mortē cōscifcit. III.

PRoceres Græcorum cùm Achillis arma Vlyssi, tanquam digniori adiudicassent, Aiax ignominia quasi notatus, & iniuria, quam sibi inferri putabat, accensus, iráq; victus (qui ab aliis tamen vinci non poterat) sibi manus violentas ipse attulit: seq; suo gladio, quo plurimos antè hostes occiderat, iterimit: Ex cuius cruore deinceps flos purpureus, similis Hyacintho, natus est.

ENARRATIO.

Aeacidæ postquam radiantia tela superbi
 Dulichius, tali dignus honore, tulit:
Mox Telamoniades irarum concipit ignes,
 Quòd prærepta sibi præmia tanta forent.
Et qui sustinuit quondam ferrumq; Iouemq;,
 Haud æstus animi sustinuisse valet.
Vincit & Aiacem (nemo quem vicerat hostis)
 Mœror, & in latebris pectoris ira sedens.
Hinc citò fulgentem vagina liberat ensem,
 Hic meus est gladius, voce furente refert.
Hic tandem domini truculenta cæde madebit,
 Qui Phrygio maduit sæpe cruore prius.
Aiacem nullus telo superare valebat,
 Se tamen hoc Aiax ense necare potest:
Dixit, & extractum sua misit in ilia ferrum,
 Quod demum nigrans expulit ipse cruor:
Iamq; madens genuit diffuso sanguine florem
 Tellus, quem medio littera picta notat.

ALLEGORIA.

Est hominum fragilis, fallax perituraq; virtus,
 Cœlitus elapsa ni foueatur ope.
Affert Aiaci leuis hæc offensio pestem,
 Dux quòd Naritius præmia prima tulit:
Quem prius haud poterant hostes delere feroces,
 Hunc demum letho tradidit ira ferox.
Ergò sui longè victoria celsa triumphis
 Est potior, nec laus altius ire valet.

LIBER XLII.

Excidium Troiæ. IIII.

VLysses postquam Philoctetæ sagittas, ipso comitante, in Græcorum castra pertulit, iisdem vrbs iuxta oraculum expugnata, & igne absumpta fuit. Túmque horribili strage coorta Priamus ipse ad Iouis aram, vbi se tutum fore credebat, occidebatur. Denique vastatis omnibus Græci naues suas spoliis onerantes, secúmque Hecubam regis Priami coniugem rapientes, inde Thraciam secundo véto appulerunt.

X

OVIDII METAM.

ENARRATIO.

Vela dat in Lemnum victor Laërtius Heros,
  Herculis vt secum tela tremenda ferat.
Quæ simul ad Danaûm furialia castra reuexit,
  Insidijs Graiûm Pergama capta ruunt.
Claraq; dant Troiæ fulgens in͏̈ dia lumen,
  Effusoq; madens sanguine terra rubet.
Combibit & Priami calidum Iouis ara cruorem,
  Qui Troiæ quondam sceptra superba tulit.
Mactatur frustra tendens Priameia virgo,
  Ad cælum passis crinibus ægra manus.
At nondum fumans penitus consederat ignis,
  Cum spolijs implet classis Achiua rates:
Auraq; discessum suadet, ventusq; secundus,
  Et flabris Boreæ carbasa mota sonant.
Troiades & captæ iam diruta mœnia linquũt,
  Infœlix Hecube lumine stillat aquas:
Natorumq; gemit tristissima fata reuoluens,
  Deserit & patriæ limina chara suæ.

ALLEGORIA.

Quos ferat humanis casus mutatio rebus,
  Hostibus à Danais Troia capta docet.
Ilion in tenues redit expugnata fauillas,
  Rex misero Priamus funere cæsus obit,
Auehitur coniux peregrinis regia terris,
  Sic honor in ventos noster inanis abit.
Talia commoueant tumidas spectacula mentes,
  Vt pauido discant corde timere Deum.

Polymestoris nequitia. V.

Cum Priamus regno suo fatale videret incumbere exitium, & filium Polydorum natu minimum multo instructū auro, ad Polymestorem, Thracum Tyrannum, misit, vt si Troia vastaretur, aliquis suorum remaneret, qui regnum collapsum instaurare posset. Polymestor autem simul atque vrbis excidiū cognouit, auri cupiditate inflammatus, Polydorum interfecit: eiúsque cadauer in mare proiiciens thesauro iniusto potitus est.

ENARRATIO.

Rex Troiæ Priamus cùm iam diffideret armis,
 Ilion & Graio milite cincta foret.
Te Polydore pater furtim commisit alendum
 Threicio, possis vt superesse, duci.
Instruit argenti numeroso pondere prolem,
 Vt noua, si ruat vrbs, ponere regna queat.
Restitit ast vbi sors Teucris, Polymestor iniquus
 Aurea feruenti munera corde sitit:
Fas malus abrumpit, puerumq́; trucidat inermem,
 Mittit & in liquidas triste cadauer aquas.
Crimen & hoc fœdum tolli cum corpore credit,
 Sed celare diu facta cruenta nequit.

ALLEGORIA.

Auri dira fames, & opum furiosa cupido
 Turpiter ad sceleris nos rapit omne genus.
Proditio venit hinc, fraus, cædes, furta, rapinæ,
 Iurgia, nec pestis tetrior esse potest.
Spe lucri mœstis Polydorus redditur vmbris,
 Inq́; iuuentutis flore recisus obit.
Munere pellicitur sic Septumuleius auri,
 Abscindit furtim dum tibi Gracche caput.
Illud & infuso grauius facit vndiq; plumbo,
 Perfidus vt plures inde reportet opes:
Nam caput appendit quantum ceruice resectum,
 Tanta ferox auri pondera latro capit.
Sic sceleratus amor nummi turpissima quæq́;
 Perpetrat, & fidei rumpere iura solet.

Polyxena immolatur. VI.

POst euersioné Troiæ, cú Græci in Thraciam appulissent, vbi monumétum Achillis in Troia sepulti extabat, vmbra eius super tumulum visa, petiit à Græcis, vt sibi Polyxenam, Priami filiam, quam pater ei, dum viueret adhuc, despondisset, in honorem perpetuum sacrificarent. Morem igitur Græci gerentes Achilli, puellam ad moriendum paratissimam (vt pote quæ honestam seruitutis iugo necem longè præferebat) ad aram ducentes, immolarunt.

OVIDII METAM.
ENARRATIO.

Concaua dum Græci vertunt ad littora puppes
    Vrbis Threiciæ fissæq; membra leuant,
Exanimem referens vultum pugnacis Achillei,
    Vmbra parentali protinus exit humo.
Immemores nostræ quorsum virtutis Achiui?
    Cur (inquit) tumulus noster honore caret?
Æacidæ placet mactata Polyxena manes,
    Hac Danaûm tristi pectora voce mouet.
Ducitur ergò lubens ad bustum (flebile visu.)
    Rapta sinu matris casta puella suæ:
Sed nunquam lachrymas iugulãda Polyxena fundes,
    Seruili præfert fata suprema iugo:
Namq; Neoptolemo gladium confisa tenenti
    Nunc, dicit, ferro iussa capesse tuo.
Ac iugulum subitò nudum, pectusq; retexens,
    Spontè fit Æacide victima tristis humo.
Stillat ibi lachrymas populus, quas virgo tenebat,
    Fletibus & flamen lumina mœsta rigat.

ALLEGORIA.

Humanum Sathanas rabiosa fauce cruorem
    (Ferali gaudens cædis amore) sitit.
Idcircò terris manes, & spectra profundis
    Euocat, vt fuso sanguine plaudat ouans.
Sic olim veteres lusit per sæcula gentes,
    Plurima concutiens pectora vana metu.
Sæpius vt stygio dederint sua pignora letho,
    Prædonis dæmon munera sæua gerit.

Hecuba Polydorum occisum reperit. VII.

Postquam cadauer Polyxenæ, in honorem Achillis à Græcis immolatæ, matri Hecubæ redditum erat, illud lachrymis, quas fundebat, prius abstersum, in amne penitus purgare & abluere cœpit: Quo facto, corpus filii sui Polydori, quem Polymestor occiderat, fluctibus maris circumuagatur. Id vbi mater agnouisset, casus mœrorem quidem auxit, sed causa interitus acerbissimi intellecta, occasionem vlciscédi Polymestoris facinus quęsiuit.

X iiij

OVIDII METAM.

ENARRATIO.

Luctificam virgo postquam mactatur ad aram,
    Peruenit in matris cæsa repentè manus.
Quam genitrix multum lachrymis humectat obortis,
    Altaq; mœrenti nubila voce ferit.
Oscula dat charæ soboli, laniatq; capillos,
    Tundit & admota tristia corda manu.
Iliacaq; domus crudelia fata reuoluens,
    Me quoties, clamat, sors inimica premis?
Quid? mea cur proles hostilia busta piauit?
    Num peperi manes tristis Achille tibi?
Quid moror intereà vultus purgare madentes,
    Et luere exhausto vulnera cruda mari?
Dixit, & æquoreas lentè procedit ad vndas,
    Mortua quo pueri littore membra videt:
Nouit & extemplò Polydori triste cadauer
    Mater: at immenso verba dolore premit.
Iam consternatos extollit ad æthera vultus,
    Vulnera iam nati spectat acerba sui:
Iamq; furens motu grauiter mœroris & iræ,
    Vltima Threicio fata parare studet.

ALLEGORIA.

Aspice mortalis quàm sit natura dolendis
    Casibus & varia subdita sorte neci.
Sæpius agglomerant vasto se turbine clades,
    Fataq; vel letho nos grauiora premunt:
Luctibus & lachrymis Hecube consumpta profusis,
    Anxifica vitam conditione trahit.

Polymestor oculis priuatur. VIII.

Hecuba, cadauere Polydori filii sui in littore inuento, non tam fundebat lachrymas, quàm vindicandi sceleris occasioné aucupabatur. Vocans igitur clàm ad se Polymestora, simulat se cum ipso de thesauro collocuturam: qui spe lucri cú veniret, manus ei Hecuba, mulieribus adiuta captiuis, attulit, eúq; sæuis oppressum verberibus, sensu videndi orbauit.

ENARRATIO.

Postquam reppererat nati Priameia coniux
  Æquoreis Hecube triste cadauer aquis.
Mœrentes rapida gemitus permiscuit ira,
  Vlcisci statuens fraude doloq́; nefas.
Dissimulans igitur materno corde dolorem,
  Improba Threicy limina regis adit.
Autorem pariter diræ Polymestora cædis
  Interiora velit tecta subire monet.
Pondera, nil dubites, gazæ monstrabo reposta,
  Vt soboli (dicit) des alimenta meæ.
Odrysius subitò prædæ confisus auaræ,
  In secreta venit, pollicitumq́; petit.
Irruit in sæuum, dum poscit munera, regem
  Mox Hecube, matrum fisa iuuante choro.
Euellitq́; genis oculos, & verbera miscet:
  Vires nam validas addidit ira ferox.

ALLEGORIA.

Dat pœnas sceleris latro Polymestor acerbas,
  Duraq́; priuatus lumine fata subit.
Nemo diu reprobus terris impunè vagatur
  Facta breuis retegit nequitiosa dies
Inq́; suum que quisq́; patrat, damnosa redundant
  Crimina, retrorsum (forte labante) caput,
Oedipus exilium rex florentissimus olim
  Perpetitur celso pulsus ad ima loco.
Ob scelus horrendum furiis agitatur Orestes,
  Hinc oculus vindex creditur esse Deo.

Memnonis rogi fauillæ in aues. IX.

CVm Memnon, Tithoni Auroræque filius, Priamo auxilium ferens, ab Achille interfectus esset, mater eius multis precibus à Ioue petiit, vt is mortem filij aliquo honore aut solatio leniret. Quod quidem à Ioue impetrauit: Nam statim aues è fauillis rogi enatæ, ac Memnonidum appellationem sortitæ sunt. Solent autem quotannis istæ auiculæ ad sepulchrum eius congregari, vbi dimicantes sanguine suo manibus extincti parentant.

ENARRATIO.

Memnona Thaumantis pereuntē lutea natum
   Viderat, vt telo fortis Achille tuo:
Squalida pallenti subitò velatur amictu,
   Æthera signiferum nube nigrante tegens,
Acceditq́; Iouis solium Dea crine soluto,
   Curuatoq́; sibi poplite poscit opem.
Non, ait, accensis fumantes ignibus aras,
   Non peto sacrificos, laudis amore dies:
Sed precor extremum soboli da mortis honorem,
   Fortia pro patruo qui tulit arma suo.
Iuppiter annuerat votis, monumenta perempti
   Promittens placidè non peritura viri.
Memnonis ergo rogus celeri dum corruit igne,
   Claraq́; sublimis fumus ad astra volat,
Protinus emergunt volucres crepitantibus alis,
   Terq́; melos læto gutture dulce sonant.
Memnonidum posthac anno labente madebant
   Effuso domini sanguine busta sui.

ALLEGORIA.

Pugnando patriæ Memnon profitetur amorem,
   Immortale sibi comparat vnde decus.
Sic etiam sacro si quis pro nomine Christi
   Occubet, illius non morietur honos.
Mille beatorum floret per secula nomen,
   Pro Christo vitam qui posuere suam,
Suntq́; Dei proprio testati sanguine natum,
   Nobis est cuius parta cruore salus.

Aeneæ pietas in parentem. X

POstquam Troia à Græcorum exercitu capta & expugnata erat, Æneas Anchisæ & Veneris filius, Troianorúmque dux præstantissimus, cū horribiliter omnia dirui, & igne vastari videret, ipséque in extremo capitis periculo versaretur, fuga saluti suæ ꝓspicere cōstituit: ac parentem Anchisen ætate confectū suis impositum humeris, nec non filium vnicū Iulum, cum dilectissima coniuge clàm ex vrbe eduxit, itáque totam familiam suā è mortis discrimine liberauit.

ENARRATIO.

Cùm ruerent flammis altissima moenia Troiæ,
   Vdaq́; Teucrorum cæde maderet humus,
Ac pius Æneas turbatus corde saluti
   Nequicquam posset consuluisse suæ,
Talibus Anchisen verbis affatur, & inquit:
   Cogimur heu patriam linquere, chare parens.
Impendent nostro suprema pericula collo,
   Nosq́; premit fati tristis & atra dies.
Ergò benigne pater, senioq́; grauate molesto,
   Te ceruice mea pondus inerme feram.
Sors quocunq́; cadet, nobis commune periclum,
   Communis pariter vita duobus erit.
Sit comes Ascanius, coniux vestigia seruet,
   Speremus tutum numine matris iter.
Hæc ait: Anchisǽq́; subit venerabile corpus,
   Te quoq́; parue sua ducit Iule manu.
Deserit, & patriæ limen genitore grauatus,
   Cui flammæ cedunt & via tuta patet.

ALLEGORIA.

Lucida sinceræ docet hæc pietatis imago,
   Qualia sint natis efficienda piis.
Non pudet Aeneam medios portare per hostes
   Atq́; senem flammis eripuisse patrem.
Sic naturali donata ciconia storge,
   Anchisa geniti par imitatur opus.
Hæc alit, hæc tergo gestat trepidante parentes.
   Vltima confectos quando senecta premit.

Polyphemus, Acis & Galatea. XI.

Galatea Nerei & Doridis filia, cùm amore Acidis (qué Faunus ex Simethide progenuit) iuuenis formosissimi caperetur, idémque puellam pari ardore in loco quodam secreto conuenire solebant. Polyphemus auté similiter virginem amare cœpit, & composita cantilena, mirum in modum eam commédat, si sit obsequés: sin abhorreat ab ipso, per antithesin illam vituperat. Deinceps etiam suas opes, imperium, formam, vt in se Nymphã alliciat, vehementer extollit.

ENARRATIO.

Acidis ardescit Galatea cupidine mirâ,
  Illius & iuuenis carpitur igne pari.
Qui duo lasciuæ Veneris dum gaudia captant,
  Alternis dantes oscula grata genis,
Sanguineus conspexit eos Polyphemus amantes,
  Vt viridi placidas gramine pascit oues.
Corde repentinos flagrantes concipit æstus,
  Virginis hunc visæ nam simul vrit amor.
Explicat hirsutos ferrato pectine crines
  Et barbam mento falce rapace secat.
Multiplici pariter modulatur arundine carmen,
  Carmine quo Nymphæ flectere corda cupit.
Horrescunt moti pastoria sibila rupes,
  Et crepitans clarum percipit vnda sonum.
Eximiis formam Nerines laudibus effert,
  Approbat & cunctis membra decora modis,
Iactat opes viuo Cyclops pendentia saxo,
  Antra, boues, fructus, lanigerumq́; pecus.
Luminis ingentem quoq́; prædicat vnius orbem,
  Nil tamen hæ landes votaq́; blanda valent.

ALLEGORIA.

Contemnit Galatea feri Cyclopis amores,
  Promissis quanquam misceat ipse preces.
Non tam vota Venus quàm prospera fata requirit,
  Soluitur & fato iungitur omnis amor.
Sæpius hinc inopi virgo ditissima nupsit,
  Deformi pariter culta puella viro.

Acis in fluuium. XII.

Galateá cùm Polyphemus nec minis nec precibus, nec vllis pollicitis, in sui amorem pertrahere posset, vehementi correptus ira, ambos amantes trucidare cogitauit. Nam è spelunca sua prosiliens, auulsum à monte Ætna ingentem scopulum in eos conjecit. Quo viso Galatea proximo mari mersa est: Acis autem, qui saxi non potuit effugere impetum, eo adobrutus & occisus, nec non in fluuium sui nominis eodem in loco conuersus est.

ENARRATIO.

INstat amans cantu Cyclops, precibusq; minisq;
   Nec Nympham precibus, nec mouet ille minis.
Eripiam iuueni præsentis munera lucis,
   Et per aquas, inquit, viscera viua traham.
Talia vociferans irarum concipit æstus,
   Virginis & cæco raptus amore, furit:
Surgit, & incensus syluarum saltibus errat,
   Ac fremit amissa ceu boue taurus amans.
Sed mons dum sæuo clamore perhorruit Ætna,
   Decidit auulsus rupe sonante lapis.
Vicina subitò perterrita mergitur vnda,
   Atq; diu vasto flumine Nympha latet.
Euitare volens fera fata Simæthius Heros
   Auxilium, clamat, fer Galatea mihi.
Saxum delabens totum tamen obruit Acin,
   Protinus in liquidas quem Dea vertit aquas.

ALLEGORIA.

Inuidiam quicunq; fouet sub corde latentem,
   Alterius damnis gaudia læta capit:
Econtrà vultu si quem fortuna sereno
   Aspicit, huic liuor pectora rodit edax.
Hos igitur nigros homines fugisse memento,
   Quisquis es, & vitam tu tibi solus age.
Arte doloq; mali, quoties non lædere possunt,
   Præbet eis facilem vis truculenta viam:
Inq; bonos rabidi telis grassantur apertis,
   Acis ab exemplo quod docet ipse suo.

Glaucus piscator in Deum marinum. XIII.

GLauco Anthedonis filio, piscator, cū speciosos pisces caperet, eos in folio recóditos seruare voluit: pratoq; dum requiesceret, & retia siccaret, exposuit: hi aūt è foliis ī mare resultabant. Vt igitur causam huius rei cognosceret Glaucus, herbá, qua fuerant recóditi, dentibus mandere coepit. Quod cùm fecisset, statim natura mutata, in fretum se præcipitem dedit, & auxilio Deorum in marinum Deum transmutatus est, qui Scyllam, Phorci filiam, postea vehementer adamauit.

ENARRATIO.

Scylla, maris bibula postquàm spaciatur arena,
　Nudaq́; curuato gurgite membra lauat.
Glaucus adest visæ cæco correptus amore
　Virginis, & placida talia voce refert,
Quid fugis infœlix?(Glaucum quia fugerat illa)
　Non sum fluctiuagi bellua dira freti.
Sum Deus æquoreus, credas, moderorq́; procellis:
　Mortali quondam corpore cinctus eram.
Cæruleis pariter fueram tunc deditus vndis,
　Piscibus ad ripam lina referta trahens.
Hos ego dum capio pendentes ære recuruo,
　Littora florenti gramine picta peto.
Annumerans certo squamosos ordine pisces,
　Et multum viridi cespite cingo pecus.
Protinus in foliis latitans mea præda mouetur,
　Membraq́; vicinis viuida mergit aquis.
Obstupui pauidè, digitisq́; ea gramina carpens
　Dentibus arrodo pabula secta meis.
Pòst etiam corpus sinuato flumine mergens,
　Fio Deus pelagi, qui periturus eram.

ALLEGORIA.

Ceu Glaucus postquam gramen gustauit amarum,
　Incidit in rapidi flumina vasta maris:
Sic homo qui lachrymis vitam deplorat acerbis,
　Fluctibus aduersæ tunditur vsq́; crucis
Enatat ille tamen latè, superatq́; procellas,
　Fitq́; repurgato corde renatus homo.

FINIS LIB. XIII.

OVIDII METAM.
LIBER XIIII.
Scylla in monstrū marinum. I.

Glaucus cùm Scyllæ amore potiri nó posset, Circen veneficá adiit: vtq; à Nympha redamaretur, artibus suis efficeret, eá obnixè rogauit. Sed Circe statim Glauci amore capta, in ipsum exarsit: à quo spreta cùm esset, omnem iram in Scyllam effudit: ac sinū quédam, in quem Nympha descensura erat, venenis infecit: quibus pubetenus in varia monstra conuersa, sibi displicuit, ac tandem in fretum Siculum desiluit, vbi in monstrum marinum transmutata est.

OVIDII METAM.
ENARRATIO.

Cum Glaucus nulla posset ratione potiri
  Scylla, quæ ponti gurgite mersa latet,
Peruenit ad Circen Tyrrhena per æquora vectus,
  A qua submissa voce precatur opem.
Vera Dei soboles, inquit, precor aspice diuum,
  Nam mihi, quod quæro, tu dare sola potes.
Effice quæso tuis, faueat mihi Scylla venenis,
  Hanc ad me dulci carmine flecte tuo.
Illius at Circe flagranti carpitur igne,
  Inuitam dicens, cur adamare cupis?
Tu Nympham potius spernentem sperne, volentem
  Dilige, quæ parili gestit amore tui.
Spem mihi si dederis minimam, te sponte rogabo,
  Quæ sum flammigero filia Sole sata.
Huic Glaucus: Noster nunquam mutabitur ardor,
  Corpore dum nitido Scylla superstes erit.
Protinus irascens pedibus terit æquora Circe,
  Ac diro magicos murmurat ore sonos.
Inquinat & virus sinuosa volumina ponti,
  Desilit in gelidum nescia Scylla sinum.
Cuius fœdantur furibundis inguina monstris,
  Quæ tamen & mediis illa coercet aquis.

ALLEGORIA.

Qui magicas animo dubitanti consulit artes,
  Agglomerat capiti nil nisi damna suo.
Hoc etenim Sathanas mortalia decipit astu
  Pectora, quæ claræ turbida lucis egent.

Polyphemus Vlyssis socios deuorat. II.

AChæmenides Vlyssis comes, in antro Cyclopis, cui Vlysses oculum dormiéti effoderat, à sociis relictus, Polyphemi tyráni dem, quam in hospites exercuerat, cominus aspexit, & per tres menses in Ætna monte, herbis & glandibus tantummodo vescés, delituit. Ab Ænea autem præternauigáte (cui supplex erat) inde auectus, & ita velut è faucibus Cyclopis ereptus fuit.

OVIDII METAM.

ENARRATIO.

Cum iam Cyclopi lumen terebrasset Vlysses
  Dulichius, ventis vela secunda dedit.
Sed socios vasto quosdam relliquit in antro,
  Qui pòst Cyclopi præda fuere truci.
Solus Achæmenides inter deserta ferarum,
  Euasit viuens vltima fata, miser.
Illi dant epulas vulsis radicibus herbæ,
  Dum sub virgultis corde tremente latet.
Sanguine quà cernit Polyphemum vescier atro,
  Morsibus & socios dilaniare suos,
Vtq́; crepent, audit, tepidi sub dentibus artus,
  Faucibus & rursus frusta cruenta vomat:
Hos vbi conspexit fœdatos sanguine rictus,
  Membra timore graui diriguere viri.
Sed longo Phrygiam vidit post tempore puppim,
  Illi quæ dubiam spemq́; metumq́; tulit.
Propterea supplex palmas ad littora tendens,
  Hinc me, clamauit, tolle Pelasga manus.
Rumpe moras, celeriq́; fuga tibi consule: nauis
  Hunc capit, & tranat per vada salsa viam.

ALLEGORIA.

Ceu Polypheme tibi lumen terebrauit Vlysses,
  Sic hodie multis lux rationis obit.
Hinc oculus mentis ratio diuina vocatur,
  Virtutis rectam quæ docet ire viam.
Sed tamen effoditur prauis affectibus illa,
  In tenebris titubat tunc miserandus homo.

Vlyssis socij in porcos. III.

VLyssis socij varia loca perlustrantes, tandem ad Circen peruenerunt, à qua liberaliter sunt excepti. Ea poculū mirificis pharmacis repletum hospitibus porrexit: quo hausto, omnes, præter vnicum Eurylochū, in porcos mutabantur. Vlysses igitur valde iratus, Circen stricto inuasit gladio, quē eodē modo decipere conabatur. Is autē remedio à Mercurio accepto tantum effecit, vt socii eius in pristinam formam restituerentur.

OVIDII METAM.
ENARRATIO.

Dvlichij comites tendunt ad moenia Circes,
  Et magicæ subeunt tecta superba Deæ.
Queis fecere metum, primo dum limine sistunt,
  Vrsus, & immixtis sæua leæna lupis.
Sed prohibent ictus famulæ, placidoq; Pelasgos
  Excipit hospitio diua maligna viros:
Nam tacito nocuam versabat pectore fraudem,
  Confusè miscens hordea, mella, merum.
Porrigit hospitibus plenos dulcedine succos,
  Quos simul ardenti turba bibere gula.
Pòst tangit summos baculo Dea callida crines,
  Tristia submisso murmure verba sonans,
Protinus horrescunt villosis corpora setis,
  Occupat & socios tetra figura suum.
Solus at Eurylochus magicam quia senserat artem
  Nec biberat Circes pocula, saluus erat.
Deinde sed accepto medicamine fortis Vlysses
  Mercurij socios vendicat ense suos.
Vertit & in formam mutata voce, priorem
  Dulichij monitis diua coacta suos.

ALLEGORIA.

Vana voluptatis designant pocula Circes
  Gaudia, quæ cæco corda furore replent.
Eximit humanam virus lethale figuram
  Omnibus, illecebras qui petulanter amant.
Ac vero tales dicuntur nomine porci,
  Dum velut in cœno sus lutulenta iacent.

Picus in auem. IIII.

PIcus ex progenie Saturni, rex Tyrrheniæ cùm in agro Laurenti crebris indulgeret venationibus, à Circe Dea visus, propter eximiam corporis venustatem mirum in modũ est adamatus. Is verò cùm coniugis suæ, cui nomen Canenti fuerat, amore firmissimo deuinctus, illicitum Deæ concubitum recusaret, ab eadem, ob contemptum eius, in auē sui nominis est conuersus.

ENARRATIO.

Picus vt Ausoniæ quondam ditißimus heros,
    Per nemus horrendis insidiatur apris.
Venit & in densas Titanis filia sylvas,
    Vt legeret pleno gramina picta sinu.
Hæc postquàm vidit virgultis abdita Picum,
    Illius indomito carpitur igne Dea.
Cursus equi vetuit, iuuenem ne posset adire,
    Hinc sibi consilium quo medeatur init:
Fingit apri fictam speciem, quò fallat amatum:
    Protinus hic regis cursitat ante pedes.
Quo viso Picus, præda delusus inani,
    Leuia magnanimi tergora linquit equi,
Atq; feræ refugam cursu petit inscius vmbram,
    Cui Dea flagranti fundit ab ore preces.
Detegit & mentem, narratq; Cupidinis ignes,
    Sed negat vxoris Rex violare fidem.
Proficiens Circe precibus nihil, vtitur arte,
    Et Picum, facto murmure, reddit auem.

ALLEGORIA.

In vetitos Æea sui ceu lactat amores
    Ausoniæ, blandis vocibus orsa Ducem:
Sic falsa Sathanas eludit imagine multos,
    Ad scelerumq; vafer pellicit omne genus.
Ast homo quem tangit suprema cura salutis,
    Fœdera cum tetro Dæmone nulla ferit:
Sed sponso potius Christo constanter inhæret,
    Quærit & in solo gaudia plena Deo.

Apulus in oleastrum. V.

IN Lauinia regione locus erat, quem Pan, Mercurij filius, aliquando tenuerat, is postea à Nymphis cultus est. Accidit autē vt pastor quidam, Apulus nomine, iis non modò metum grauissimum incuteret, verùm & procacissimis eas verbis & duris opprobriis laceraret: nec prius desineret, quàm à Nymphis loquendi priuatus munere in arborem oleastrum, quæ succos amaros edere solet, conuersus est.

OVIDII METAM.
ENARRATIO.

Fertilis arboribus regio Lauinia quondam
　A Nymphis longo tempore culta fuit.
Appulus his pastor multa ratione molestus
　Extitit, & stolido terruit ore Deas.
Sedibus hasq; suis moto clamore fugauit,
　Virginibus tristis nascitur inde pauor.
Mens tamen his redijt, neq; curauere sequentem,
　Post modò, sed solitum reppetiere nemus.
Et motis hilares pedibus duxere choreas,
　Improbat illarum gaudia pastor iners.
Ac Nymphas saltu petulans imitatur agresti,
　Inq; Deas audax scommata dira vomit.
Iungit & obscœnis conuicia turpia dictis,
　Aspera nec potuit verba tenere prius,
Ingens quàm fieret baccis oleaster amaris.
　Hanc ipsi pœnam lingua proterua tulit.

ALLEGORIA.

Austeros veluti fructus producit oliua
　Syluestris, grati nilq; saporis habet:
Sic obtrectator sermone redundat acerbo,
　Ac furiale suo virus ab ore iacit.
Pestiferum superat linguæ petulantiæ telum,
　Plusq; dat exitij quàm parat ensis atrox.
Sed cordatus homo vulgi conuicia ridet
　Improba, nec magni liuida verba facit.
Effrenem clades sequitur certissima linguam,
　Qui sapit, is digito pressa labella domat.

Aeneæ classis in Nymphas. VI.

Cum Turnus Rutulorum Dux, aduersus Troianos, quibus Aeneas præerat, bellũ gereret, tandem in classem illorum ignem immisit, eámque penitus exurere statuit: sed opinionem atque conatum ipsius euentus fefellit. Deorum enim mater Berecynthia, eas naues, quia in Ida monte sibi dicato fabricatæ fuerant, flammis absumi non est passa. Verũ ingenti missa tempestate, in Nymphas marinas conuertit.

ENARRATIO.

Aeneas vbi cum Rutulis gerit aspera bella,
  Sanguineaq; madens cæde rubescit humus.
Tecta faces infert rapidas in pinea Turnus,
  Pinguia nigranti dans alimenta pici.
Protinus accensæ fumabant transtra carinæ,
  Antennas ignis velaq; summa petit.
Sed parat Idæo cæsas in vertice flammis
  Diuorum genitrix eripuisse rates,
Et biiugis cœlo transuecta leonibus imbrem
  Mittit, & effusa grandine quassat aquas.
Aduersis turbant venti concursibus æquor,
  Astraq; nunc classis, nunc petit ima freti.
Flatibus Astræi miscent quoq; prælia fratres,
  Ne celeri puppes Mulciber igne voret.
Postremò crebris multum percussa procellis,
  Mutat in æquoreas robora magna Deas.

ALLEGORIA.

Turnus vt accendit flamma rutilante carinas
  Æneæ, classis pars minor igne perit.
Cæsa sed Idæo sub vertice ligna supersunt
  Tuta, nec his vrens flamma nocere potest:
Sic etiam Sathanas hominem virtute probatum
  Obruit, ad lethum quem rapuisse studet.
Illius affligit corpus, bona diripit atrox,
  Ast animam nulla lædere parte valet:
Hæc manet incolumis stirpem quia traxit Olympo,
  Regis & hanc stygij vis abolere nequit.

Aeneas in Deū indigetē. VII.

Venus postquam animaduertit filium suū Aeneam, variis laboribus exhaustum, ad extremum vitæ terminum peruenisse, petiit à Ioue patre, vt promissorum memor, natum in numerum Deorum reciperet. Cuius precibus motus Iupiter effecit, vt in agro Laurenti, ad flumen Numitium Aeneas lauaret, & mortalitatem ablueret, interq; Deos, vt vocant, indigetes referretur.

ENARRATIO.

Troius Æneas longo iam debilis æuo,
　Diuina passim laude perennis erat.
Tum puer Ascanius regno florebat & auro,
　Pro patre confecto sceptra superba gerens.
Ergo Iouem Cytherea Venus sic voce precatur:
　Magne parens, gnato fer pietatis opem.
Pertulit immodicos (steterant vt fata) labores:
　Iam nisi succurras, mortis ab ense cadet.
Sit satis ad Stygias hunc descendisse paludes,
　Et semel vmbrosos transilysse lacus.
Sit tandem quæso cœlesti dignus honore,
　Clementi votis annuit ore pater.
Cælicolis placet hæc eadem sententia cunctis,
　Pro nato genitrix gaudia multa capit.
Est flumen Latij resonante Numicius vnda,
　Quò iubet Æneam membra lauare Venus.
Hoc vbi natus agit, mortales exuit artus,
　Fertur & Indigetis nomen habere Dei.

ALLEGORIA.

Ad cœlum si quis recto contendere cursu
　Nititur, ille sibi dura ferenda sciat.
Cogitur infernas Plutonis adire tenebras,
　Cogitur in terris tristia multa pati.
Hunc decet & veteres carnis deponere sordes,
　Seq; lauare sacro fonte perennis aquæ.
Nam nisi quis viua prius enascatur ab vnda
　Desuper, alta Dei regna videre nequit.

Vertumnus in anum. VIII.

SVb Proca rege Albanorum, Pomona fuit Nympha, hortorũ diligentissima cultrix. Hanc cũ Vertumnus amaret, in varias se species mutare solitus est. Illa autem refugiente concubitum, nouissimè in anum abiit, Nymphæque multis argumentis persuadere conabatur, vt sibi iungeretur: cui cùm diu reluctata fuisset, tandem ab exemplo Iphidis eã permouit, & in suam conuersus formam, cũ virgine concubuit.

OVIDII METAM.

ENARRATIO.

Hortorum Pomona fuit persedula cultrix,
　Virginitatis amans arboribusq́; studens.
Hanc varia tectus specie Vertumnus adibat,
　(Virginis egregius nam decor oris erat.)
Nunc messoris habet formam, nunc militis arma,
　Nunc piscatoris lucida signa gerit.
In vultus etiam se se transformat aniles,
　Blanditiisq́; Deæ corda mouere cupit.
Illa diu vetitos multumq́; recusat amores,
　Flectere nec dulces hanc potuere preces.
Attamen exemplo tandem deuicta vetusto,
　Ictibus occubuit Nympha, Cupido, tuis.

ALLEGORIA.

Hic tibi depingit Sathanam Vertumnus atrocem,
　Insidiis animam fallat vt ipse piam.
Mille sibi sumit species, ac mille figuras,
　Vertit & in vultus ora subinde nouos.
Iam ceu messor adest, resecet quo stamina vitæ
　Omnibus, incautum qui gradiuntur iter.
Iam venit vt miles gladio præcinctus & armis,
　Opprimat vt valida pectora nostra manu.
Iam piscatoris faciem mentitur, vt hamo
　Nos ad tartareas pertrahat vsq́; domos.
Nouit & in plures se transformare figuras,
　Sæpius in Genium lucis abire solet.
Ac verbis nimium nobis blanditur amœnis,
　Ad Phlegetonta miser dum rapiatur homo.

Iphis suspendio perit. IX.

IN insula Cypro Anaxarete virgo fuit, ex progenie Teucri, quæ forma cæteras puellas longè superabat: verū vt pulchritudo eius fuit excellentissima, sic à virorum consuetudine prorsus abhorruit. Cùm igitur Iphis eā ardentissimo prosequeretur amore, nec aditᵘ ad virginem ipsi pateret, in tantum dolorem incidit, vt noctu ante fores puellæ seipsū suspenderit. Hæc autem iuuenis funus aspiciens in saxum commutata est.

OVIDII METAM.

ENARRATIO.

Iphis Anaxareten Teucri de sanguine cretam
 Ardet, & inflictum pectore vulnus alit.
Accedit supplex ad virginis ostia primùm,
 Et sibi nutricem conciliare cupit.
Pòst & Anaxaretæ paruis sua verba tabellis
 (Spem sub corde fouens) sæpe ferenda dedit.
Insuper ad limen lachrymis iacuisse profusis
 Fertur, & occultè multa tulisse puer.
Illa tamen ridens, miserum contemnit amantem,
 Inq; bonum iuuenem dicta superba iacit.
Iphis præ foribus sua verba nouissima promit,
 Vincis Anaxarete, gaudia læta trahe:
Vincis, ego morior, claros age dira triumphos,
 Funere post obitum lumina pasce meo.
Quem spernis viuum, supera dehinc luce carentem
 Dilige forsan erit mors mea grata tibi.
Postibus & laquei religauit vincula, dicens:
 En tibi serta, ferox, hæc placitura scio.
Inseruitq; caput, stricta quoq; fauce pependit,
 Ac posuit vitam virginis ante fores.
Funus Anaxarete sed vbi miserabile vidit,
 In saxum duro corpore diriguit.

ALLEGORIA.

Fluctuat ambiguis euentibus ardor amantum,
 Ac raro felix est malesana Venus,
Semper & illicitos mœror comitatur amores,
 Exitiumq; procax ferre libido solet.

Romulus immortalitate donatur. X.

POst Amulij ac Numitoris (q̃ à patre suo Palatino, seu Proca, regnum Albanorum administrandum acceperant) interitu, Romulus vrbis à se cõditæ suscepit imperium. Qui cũ aduersus hostes fortiter dimicasset, & bellatorem se strenuum gessisset, victoriáque potitus, omnia tandem composuisset, Martis precibus (iam senior effectus) in Deorum numerum fuit translatus.

ENARRATIO.

FOrtibus vt patriam defendit Romulus armis,
 Ac populis leges, iuraq́; sacra dedit:
Horrida discussis mitescunt sæcula bellis,
 Et viget Ausonia pacis in vrbe decor.
Iliades verò numerosis obsitus annis,
 Exhaustusq́; graui sorte laboris erat.
Talibus ergo Iouem Mauors affatur, & inquit:
 Magne parens nostras accipe quæso preces.
Res Romana suum crescit iam nacta vigorem,
 Et noua præteritis prosperiora valent.
Tempus adest nostro Genitor promissa nepoti
 Soluere, pollicitis fac satis oro tuis.
Et raptum terra cœlis impone Quirinum,
 (Dicere te memini talia sæpe mihi.)
Annuit omnipotens precibus Mauortis, & ipsum
 Alloquitur: voti sit rata summa tui.
Protinus obductis nigrescit nubibus aer,
 Mixtaq́; cum tonitru fulgura sæua micant.
Iliadesq́; senex alto de colle palati
 Ablatus, celsi fertur ad astra poli.

ALLEGORIA.

Qui se magnanimos factis gessere probatis,
 Illorum celebris non aboletur honos:
Gloria virtuti debetur & inclyta merces,
 Præstantesq́; vigent laude perenne viri.
Hinc olim veteres heroas ad astra leuarunt,
 Fortes, in superos & retulere Deos.

Hersilia in Oram Deam. XI.

HErsilia, coniux Romuli, cùm amissum maritum, post immortalitatem ei attributam, desleret, Iuno Iridem ad eam descendere iussit, vt ei nunciaret, si videndi Romuli desiderio torqueretur, in collem Quirinalem se conferret: Quod cùm Hersilia fecisset sidus ab æthere delapsum est, cuius lumine ipsa in altum sublata, Ora Dea nuncupari, & à Romanis coli cœpit.

ENARRATIO.

Flebat vt amissum coniux dilecta Quirinum,
 Irin ad Hersiliam vadere Iuno iubet.
Vt consternatam verbis soletur amicis,
 Exequitur virgo strenua iussa Deæ,
Mandat & Hersiliæ stillantes sistere fletus,
 Tu nostros, inquit, nunc comitare gradus,
Huic paret matrona lubens, collemq́; sacratum
 Iliadæ scandunt, & iuga summa petunt.
Protinus illustri delabitur æthere sidus,
 Vnde refulgenti luce coruscat humus.
Hersiliæ corpus cum sidere tendit in auras,
 Excipit hanc manibus Romulus ipse suis.
Fit Dea sic, nomenq́; recens adipiscitur Ora,
 Proq́; sacro colitur numine iuncta viro.

ALLEGORIA.

Vana superstitio sibi numina plurima quondam
 Effinxit, verum deseruitq́; Deum.
Nonnulli Solem, lunam, stellasq́; vagantes
 Ignari magnos ceu coluere Deos.
Pro superis etiam, quæ nos elementa vocamus,
 Elegit demens Ethnica turba sibi.
Et sic in sensum gens est prolapsa nefandum
 Impia, deficiens à Genitore suo.
Debuit è rebus tamen agnouisse creatis
 Stulta, Creatoris numina quanta forent.
Vana sed est omnis præclara scientia mundo
 Quæ salua Christi cognitione caret.

FINIS LIB. XIIII.

OVIDII METAM.
LIBER XV.
Hippolyt⁰ ab equis diſtract⁰. I.

Hippolytus, propter odium Phædræ nouercæ, quæ ipſum ad amorem ſui nefandum allicere conabatur patria pulſus erat. Cũ autem Trœzena (quæ eſt vrbs Peloponeſi) proficiſceretur, propterea quòd nouerca priuignum apud patrem accuſabat, quaſi ipſam de concubitu appellaſſet, & ob eam ré Hyppolyto Theſeus mortem eſſet imprecatus, illius equi à Phocis in mari perterriti, dominũ ſuum in fruſta dilaniarunt.

OVIDII METAM.

ENARRATIO.

Hippolytum frustra cùm Pasiphaëia quondam
 Alliceret patrium commaculare torum,
Transfert in iuuenem conuerso crimine culpam
 Post modò, flagitium dissimulatq́; suum.
Aestuat, immeritumq́; parens expellit ab aula,
 Hostiles diro promit & ore preces.
Accelerat profugis natus Trœzena quadrigis,
 Iamq́; Corinthiaci littoris arua tenet.
Ecce fretum sæuit, mons & præruptus aquarum
 Tollitur, horrendum flumina vasta tonant.
Terribilis rupto propellitur æquore Taurus,
 Qui patulo fluctus euomit ore maris.
Corda pauent sociis, arrectiq́; auribus astant
 Quadrupedes, subitò qui tremuere metu.
Culmine præcipitant currus, resupinus habenas
 Attrahit Hippolytus, sed miser inde cadit.
Lora tenet manibus, rabies augetur equorum,
 Viscera qui domini dilaniata trahunt.

ALLEGORIA.

Pellicis exemplum tibi Pasiphaëia spurcæ
 Exhibet, Hippolyto quæ necis autor erat.
Dum patri vetitos nati mentitur amores,
 Pestibus heu quantis cor muliebre scatet.
Vxor Iosephum simili Potipharis olim
 Crimine damnatum nequitiosa cupit;
Carcere propterea binos includitur annos,
 Innocuus tandem compede liber abit.

Cippus cornutus. II.

Ippo Romano Prætori, priusquã ab hoste victor rediens atque triumphans portam intraret, nouũ prodigium incidit: Nanq; in capite eius subitò veluti cornua emersērũt responsumq́ue est, eum regem fore si in vrbē reuerteretur. Quod ne accideret, perpetuum sibi elegit exilium. Romani verò decreuerũt, vt ei tantum agri, quantum vno die agricola bobus posset exarare, donaretur, & capitis eius effigies æreæ portæ, qua excesserat, includeretur.

ENARRATIO.

Iam victor domito Cippus veniebat ab hoste,
  Cum sua flumineo cornua fonte videt,
Quæ sibi temporibus fuerant enata superne,
  Ominis ast illum terret imago noui.
Consulit hic vatem sanctus respondet aruspex,
  Rex eris in latio, maxime Cippe, solo.
Rex, ait, ô salue, sceptro potiere perenni.
  Ad vocem vatis retulit ille pedem.
Et procul auertit vultus à mœnibus vrbis.
  Omina dij, clamat pellite tanta precor:
Nam potius cernant quàm me Capitolia regem,
  A patrio vitam limine pulsus agam.
Dixit, & in campum populos sanctumq; senatum
  Conuocat atq; humeris excutit illud onus.
Huic igitur tantum ruris conceditur, vna
  Nempe die quantum taurus arare solet.
Postibus effigiem proceres quoq; sculpere curant
  Aeratis, miræ ceu monumenta rei.

ALLEGORIA.

Curua repræsentant quæ Cippus cornua gestat
  Robur, & excelsi pectora magna ducis.
Tali si quis erit donatus munere, regnum
  Hunc decet, & cingens pulchra corona caput.
Attamen à Cippo dominandi prona libido
  Abfuit: is tenui sorte beatus erat.
Scandere nunc multi cupiunt sublime tribunal,
  Aptos ad stiuam quos magis esse vides.

Aesculapius inter Deos relatus. III.

ROmani graui pestilentia laborãtes, post vbi maxima totam vrbem trepidatio inuaderet, per legatos oraculum Apollinis, de vitanda tam dira lue, consuluerunt. à quo cũ responsi hoc accepissent, vt æsculapij præstã tissimi medici opera vterentur, nobilissimi legati in vrbem Epidaurum, iuxta Argos sitã, ad accersendum ipsum transmissi sunt, qui noctu per somnum illis baculo, nexibus serpentis circundato, apparuit.

ENARRATIO.

Dira lues quondam Latijs inuaserat oris,
  Multáq; perdiderat corpora pestis atrox.
Romani quærunt tristi medicamina morbo,
  Quem tamen ars hominum tollere nulla potest.
Protinus accedunt Delphos, oracula Phœbi
  Poscentes, adyto vox resonante venit.
Quid petis hic Romane loco medicamen ab isto?
  I, pete præsidium nunc propiore loco.
Vos sanare nequit Phœbus, sed Apolline natus,
  Ite bonis auibus, ite vocate Deum.
Classibus instructis Epidauria littora tangunt
  Legati, Graios & petiere patres.
Orauere simul reddi sibi numen, acerbi
  Quod luctus Romæ finiat omne malum.
Dissidet, & variat sententia tota senatus,
  Suadet, is auxilium, sed negat alter opem.
Nox, ea diuersa dum parte geruntur, opaca
  Aduolat, in requiem corpora quisq; locant.
Tunc Deus in somno baculum serpente reuinctum
  Gestans, Romanum constitit ante torum.

ALLEGORIA.

Filius ob medicam rectè Phœbeius artem,
  Diuinum cuncto tempore nomen habet:
Nanq; bonus laudem, iustumq; meretur honorem,
  Et docta medicus qui simul arte valet:
Sed malus, ac rerum cui nulla scientia dignus
  Est odio, nomen carnificisq; gerit.

Aesculapius

Aesculapius in serpentē. IIII.

AEsculapius, cùm à legatis Romanis vocaretur, repentè, stupentibus admiratione omnibus, in draconem mutatus, & primo in Templum suum congregato Senatu, deinde per mediam Epidaurum serpens, nauem legatorum ad extremum conscendit, cum quibus vectus Romam venit, & pestiferum aërem fugans, salutíque Romanorum arte sua medica consulens, in pristinam tandem formá est conuersus, & anguinam pellem deposuit.

OVIDII METAM.

ENARRATIO.

Sol vbi Phœbea lustrabat lampade terras,
  In templum proceres mox rediere sacrum.
Rursus & apparent missi de gente Latina,
  Vt responsa ferant ciuibus inde suis.
Ecce Deus celebri proserpit imagine tectus,
  Ac media tardum sistit in æde gradum.
Territa turba pauent, factum mirantur, & omnes
  Vnanimi numen pectore & ore canunt.
Colla dehinc retro flectit draco sibila mittens,
  Peruicosq́; suum dirigit vrbis iter.
Ausonia tandem ponit rate corpus, & vnà
  Cum socijs Latium limen adire parat.
Huic, vbi iam classis Lauinia littora tangit,
  Obuia de populis maxima turba ruit.
Atq; Deum læto cuncti clamore salutant.
  Qui tulit aduentu prospera fata suo:
Nam gratus toti venitq́; salutifer vrbi,
  Et medica finem luctibus arte dedit.

ALLEGORIA.

Ceu Deus hic latiis fictus pulsauit ab oris,
  Grassantem rabidè per loca multa luem:
Sic verum Christus medicum se præstat, & atra
  Pellit ab ægrota mente pericla necis
Corporis hic animíq; potest auferre dolores,
  Sanat & humanum si meditamen abest.
Hunc igitur quoties te fata miserrima torquent,
  Posce salutarem non dubitanter opem.

Iulius Cæsar in stellam. V.

IVlius Cæsar factis suis præstátibus celeber multisq; victoriis nobilitatus, cum à Cassio & Bruto per insidias interfectus esset, Venus animam eius, excepit, & ad astra retulit, vtq; memoria eius perpetuò vigeret, ac posteritati nota essent illius egregia facinora, in stellā, quem Cometam vocant, eandem transmutauit.

OVIDII METAM.

ENARRATIO.

IVlius vt fortem se Marte, togaq; probauit
 Egregium, cœli dignus honore fuit.
Huius enim diram cùm vidit Curia cædem,
 Æneadum genitrix luctibus astra replet.
Ac secum mœstos versat sub corde dolores,
 Tristia sed retro vertere fata nequit,
Ne tamen omnino careat solamine Diua,
 Iuppiter huic aliqua parte leuauit onus,
Iussit & ad cœlos animam transferre beatam
 Cæsaris, ac rutilum protinus esse iubar.
Hanc igitur Cytherea polo de corpore raptam
 Inclusit, nec eam passa perire fuit.
Iulius ad celsum sic est euectus Olympum,
 Stellaq; flammifero crine serena micat.

ALLEGORIA.

Cæsaris ad superas animam ceu sustulit arces,
 Inter & hanc posuit sidera clara, Venus:
Sic animas Christus de carcere corporis arcto
 Euehit ad cœli libera templa pias.
Nempe tabernacllum fragili de puluere cretum,
 In cineres quando (morte vocante) redit,
Tunc mens pura Dei fruitur lætissima vultu,
 Degit & Angelicos inter amœna choros.
Dum veniat summi certissima meta diei,
 Quo Deus è tumulis ossa sepulta ciet:
Tunc animæ corpus iungetur, & vtraq; factis
 Præmia portabunt quæ meruere suis.

FINIS.

INDEX FABV-
LARVM.

A Chelous. 100. 107
Achillis arma. 150
Actæon. 40. 41
Adonis. 127. 128. 131
Æneæ pietas in parentē. 159
Æneæ naues in Nymphas. 168
Aeneas in Deam. 169
Aeacus rex. 85
Æsacus in mergum. 144
Æsculapius. 176. 177
Ætas aurea. 3
Ætas argentea. 4
Ætas aenea et ferrea. 5
Aiax in gladium sponte incumbit. 152
Amathusii in tauros. 123
Anaxarete in lapidē. 171
Andromede. 57
Apollo Pythona interficit. 12

Aper Calydonius. 97
Appulus in oleastrū. 167
Arcas et Calisto 27
Arethusa. 66
Argus. 17. 19
Aeson. 80
Ariadne. 94
Atalanta in Leænā. 130
Athamas. 53. 54
Atlas in montem. 56
Alpheus. 66
Aureum vellus. 78

B Acchus. 44. 46
Battº in lapidē. 32
Baucis. 102
Bellum Troianum. 146
Byblis. 113. 114
Boreas Orithyā rapit. 76

C Admus. 37. 38. 55
Cænis puella in vi-

A A iiij

INDEX

Calisto. 25.26
Caurus. 113
Cephalus. 85.88.89.90
Centauri. 149
Cerberus. 84
Ceres. 65
Ceycis naufragium. 140
Chaos. 1
Cippus. 175
Cygnus in auem. 82.147
Cyparissus. 120
Coronis in Cornicem. 29
Coronis alia à Phœbo interfecta. 30
Concilium Deorum. 7
Creatio hominis. 2

Daphne à Phœbo amata. 13
Daphne in laurum. 14
Dædalus. 95.96
Deianira. 107
Deucalion. 10
Diluuium. 9
Dryope. 112

Erichthonius. 28
Erisichthon. 103.

104.105.106
Europa. 36
Eurydice. 117.118

Formicæ in homines 87
Furiæ. 51

Ganymedes. 121
Giganthomachia. 6

Hecuba. 153.156
Helicon. 61
Halcyone. 141.143
Heliades. 23
Hercules. 84.107.108. 109.110.111
Herse. 35
Hersilia. 173
Hippomenes. 129.130
Hippolytus. 174
Hyacinthus. 122
Homines ex lapidib^{9}. 11
Homines ex formicis. 87

Iason. 77.78
Icarus. 95

INDEX.

Ino. 54
Inuidia. 34.35
Io à Ioue amata. 15
Io in vaccam. 16
Iphigenia. 145
Iphis in puerum. 116
Iris. 141.142.173
Isis Dea. 115.116
Itis à matre cæsus. 75
Iuly Cæsaris anima in Cometam. 178
Iuno. 16.52

Lapitharum & Centaurorum conuiuiũ. 149
Latona. 69
Lyncus. 67
Letcothoë. 50
Lycaon in lupum. 8
Lupus in lapidem. 139

Marsias excoriatus. 70
Mars cum Venere deprehensus. 49
Medusa. 58
Medea. 77.79.80.83
Meleager. 97.98.99

Memnon. 158
Midas. 134.135
Myrrha. 125.126.127

Narcissus. 43
Nauta in Delphinas. 45
Niobe. 68
Nisus rex. 91. 92

Ocyrhoë Centauri filia. 31
Orithyia. 76
Orpheus à Bacchis discerpitur. 132

Pallas. 61
Pandion. 72
Pegasus. 56.58
Pelias. 81
Phineus. 60
Perdix. 96
Pentheus. 48
Perseus. 57.58.59
Phaëton. 20.21.22
Phœbi querela de filio interempto. 24
Philemon. 101.102
Philomela. 72.73.74

Aa iiij

INDEX.

Pigmalionis eburnea coniux. 124
Picus in auem. 166
Pyramus. 47.48
Pyreneus. 62
Python serpens. 12
Pyrithoi nuptiæ. 149
Pluto. 63
Polydorus. 154.156
Polymestor. 154.157
Polyphemº 160.161.164
Pomona. 170
Procris. 89.90
Progne. 71.74.75
Proserpinæ raptus. 64

Romulus in deū. 172
Rustici in ranas 69

Salmacis fons. 51
Scylla Nisi. 91.92.93

Scylla in monstrum. 163
Semele. 42
Somni domus. 142
Superbia punita. 68.138
Syrinx in arundinem. 18

Tereus. 71.72.73
Thetis. 137
Theseus. 94
Thisbe. 47.48
Triptolemus. 67
Troia condita. 136

Venus cum Marte deprehensa. 49
Venus Adonim amat. 128
Vertumnus. 170
Vlyssis socij in sues. 165

FINIS.

IOHANNIS POSTHII
GERMERSHEMII.

Ter quíq; libris naso dicit in no
   Mutata formas corpora, (uas
Eos, amice Iane, tu sic explicas
   Laborioso carmine,
Labore multo plurimos vt subleues,
   Cordi quibus sunt talia.
Quare cohors studiosa maximas aget
   Tuo labori gratias.
Et Sprengij nomen dehinc in omnibᵒ
   Fiet Scholis notissimum.
Nec nõ & hisce conferetur versibus
   Quæ lusimus Tetrastica.
Et quos amor, nouéq; iunxerũt Deæ,
   Hos iunget ætas postera.

Ex Libris ~~Christophori~~
Dugué

Bernardus Lamy
Emit ab eo quindecim
assibus anno domini
1655
~~anno aetatis~~

www.ingramcontent.com/pod-product-compliance
Lightning Source LLC
Chambersburg PA
CBHW050533170426
43201CB00011B/1407